Audacia

Cómo Tomar Decisiones Rápidamente y Con Eficacia

Dan Desmarques

22 Lions

Audacia: Cómo Tomar Decisiones Rápidamente y Con Eficacia

Escrito por Dan Desmarques

Índice

Introducción

En un mundo en el que la incertidumbre y la indecisión a menudo nos paralizan, es esencial tener la capacidad de tomar decisiones con rapidez y eficacia. Audacia: Cómo Tomar Decisiones Rápidamente y Con Eficacia es una guía completa que le proporciona las herramientas y los conocimientos necesarios para afrontar las complejidades de la vida con confianza. Más que una mera recopilación de teorías, este libro actúa como un manual práctico basado en la amplia experiencia y sabiduría del autor para ayudarle a transformar su proceso de toma de decisiones y alcanzar sus objetivos.

Lo que aprenderá:

- Entender el miedo y la indecisión: descubra sus causas profundas y aprenda a superarlos.

- El arte de la toma de decisiones: explore los elementos que influyen en nuestras elecciones y aprenda a pensar con eficacia para maximizar los resultados.

- Adquiera un conocimiento más profundo de sí mismo y del papel de la sabiduría a la hora de tomar las decisiones correctas.

- Estrategias prácticas: aprenda a dar pasos prácticos para tomar decisiones de forma rápida y eficaz, incluso en situaciones difíciles.

- Ejemplos de la vida real: recurra a las experiencias personales del autor y a las anécdotas que ilustran los principios tratados.

Tanto si es usted estudiante, profesional o alguien que busca crecimiento personal, este libro le ofrece ideas y consejos prácticos muy valiosos que puede aplicar a diversos aspectos de su vida. Al comprender la dinámica de la toma de decisiones y los factores que influyen en nuestras elecciones, podrá mejorar su capacidad para elegir con conocimiento de causa y de forma eficaz. No deje que el miedo y la indecisión le frenen. Audacia: Cómo Tomar Decisiones Rápidamente y Con Eficacia es su hoja de ruta hacia una toma de decisiones segura y efectiva.

Capítulo 1: El reto de tomar decisiones

Muchos de los problemas de la vida tienen su origen en la dificultad para tomar decisiones o en el miedo a equivocarse. Sin embargo, la experiencia de cometer errores y el miedo constante a hacerlo no mejoran necesariamente nuestra capacidad para tomar decisiones. La decisión correcta, tomada con confianza, proviene de un conocimiento interno sólido y se basa en la sabiduría. Aunque nunca tengamos control sobre las realidades futuras, podemos tomar decisiones que aumenten nuestro potencial de éxito. Los grandes líderes y los empresarios de éxito suelen tomar las decisiones correctas con más frecuencia porque reconocen elementos de la realidad que muchos no pueden ver. Podemos aprender a reconocer estos elementos y a pensar con eficacia para maximizar nuestros resultados en todas las situaciones.

A lo largo de la vida, nos encontramos con problemas que resolver y dilemas que nos obligan a considerar el mejor curso de acción. En última instancia, son los resultados de nuestras elecciones los que revelan su importancia. No podemos retroceder en el tiempo y, si pudiéramos, quizá no nos habríamos aventurado tan lejos en la dirección equivocada. Sin embargo, sin esos errores, no habríamos aprendido. Buscamos constantemente la verdad, sin llegar a comprenderla del todo, porque también nos transforma. A causa de estas transformaciones, podemos perder a muchas de las personas a las que queremos y respetamos, porque están inmersas en otras realidades con retos diferentes a los nuestros.

Cuanto antes aprendamos y nos transformemos, antes se producirá el proceso descrito. Sin embargo, esto no significa que nuestros resultados serán más visibles. Las transformaciones internas rara vez son visibles para los demás. Solo nosotros entendemos el significado de nuestra tristeza, depresión y miedos. Los demás no las entienden de la misma manera porque sus almas han pasado por procesos diferentes en vidas y lugares distintos. A lo largo de nuestra vida nos encontramos con muchas almas, todas buscando la misma felicidad, paz y realización espiritual, pero cada una de forma diferente en vidas distintas. Si no fuera así, si la verdad ya estuviera dentro de nosotros, todos los dilemas serían meras ilusiones. En cierto modo, esto es cierto si consideramos los problemas como ilusiones en distintos niveles:

Primer nivel: nos enfrentamos al poder de la desigualdad y la infelicidad.

Segundo nivel: nos enfrentamos a la polaridad de la elección y la posibilidad.

Tercer nivel: asumimos la responsabilidad de crear nuestros problemas.

En este último nivel, la persona ya no diría «me traicionaron», sino «elegí a la persona equivocada». Ya no dice «me quedé en paro porque me despidieron», sino «elegí mal mi trabajo y la vida». Ya no dice «soy infeliz», sino «tengo que responsabilizarme de mi propia felicidad».

La mayoría de las personas se quedan estancadas entre el primer y el segundo estadio, ya sea porque eligen ser esclavos del dinero y de la necesidad de pertenecer a un sistema que les asigna un nivel social, ya sea porque se sienten dependientes de estructuras emocionales para sobrevivir. Además, la gran mayoría de las personas viven con miedo a la soledad, lo que les impide explorar nuevos caminos en la vida. Este miedo se manifiesta de diversas maneras, como la desaprobación de los demás, las críticas y las diferentes formas de pensar que conducen a la segregación social.

Yo, por ejemplo, me he mudado mucho a lo largo de mi vida y he tenido diferentes trabajos en distintos países. Como resultado, todas las personas con las que me relacionaba acababan distanciándose de mí. Sentían que ya no era la misma persona. Es bastante normal, porque la mayoría de la gente, aunque tiene ojos para ver, es ciega al alma de otra persona y a la inmortalidad de ese alma. La gente se aferra a estereotipos y percepciones superficiales de la realidad. Cuando cambian, sienten como si la persona hubiera muerto de verdad y la tratan como si realmente lo hubiera hecho. Así que una persona con muchos amigos no tiene nada de lo que enorgullecerse, porque no ha cambiado lo suficiente como para perderlos. En fin, todo eso forma parte de la vida.

Cuando aprendemos a tomar las decisiones correctas, y no las motivadas por nuestros miedos, todas las ilusiones desaparecen y asumimos la responsabilidad de nuestro futuro. Entonces, nos damos cuenta de que, según el Bhagavad Gita, «todos los seres del mundo están sumidos en una profunda ignorancia debido a la ilusión de las dualidades». Todas las dualidades a las que nos enfrentamos y, por tanto, todas las elecciones que tenemos que hacer, encajan en una dinámica que tiene más que ver con el futuro al que aspiramos que con la elección inmediata que tenemos ante nosotros.

Capítulo 2: La búsqueda de conexiones reales

A veces nos vemos impulsados por las necesidades de otras personas, mientras que en otras ocasiones nos vemos desbordados por las elecciones que tenemos que hacer de forma independiente. Estas situaciones se perciben como diferentes solo porque no sabemos tomar decisiones. Por ejemplo, el egoísmo se hace patente cuando alguien nos obliga a posponer nuestros propios objetivos para cumplir los suyos. Cuando se reconoce este egoísmo, la persona suele castigarnos por ayudarla. Aunque parezca absurdo, las personas egoístas tienden a castigar a quienes les ayudan, como si una fuerza que escapa a su control les impulsara a hacerlo. Por lo tanto, ayudar a una persona egoísta no es una elección real. Tiene más que ver con el estado mental de la persona que busca ayuda que con la ayuda solicitada.

Reflexionando sobre las oportunidades que se me han presentado en la vida, recuerdo haber recibido tres ofertas de trabajo: una en Europa, otra en Asia y una tercera cuando ya había aceptado el puesto en Asia. Las ofertas europeas eran más lucrativas económicamente. Sin embargo, mi decisión de ir a Asia no estaba motivada por el dinero, sino por el deseo de conocer culturas diferentes. Por lo tanto, el salario y la ubicación no eran los aspectos más importantes. Durante este periodo, recibí varias ofertas de trabajo de Europa, todas con sueldos más altos, pero las rechacé todas.

A menudo es difícil que los demás lo entiendan, porque la gente suele guiarse por instintos básicos. Si no les motiva la comida y el sexo, les motiva el dinero. Toman decisiones basadas en estos factores y se sorprenden de los problemas que encuentran, considerando generalmente afortunadas a las personas como yo. Guiados por la búsqueda del placer y el deseo de evitar el esfuerzo, no comprenden el sentido profundo de su existencia. Como resultado, no ven las oportunidades que hay detrás de las decisiones que toman, que normalmente son de naturaleza menos satisfactoria. Muchas de las mayores oportunidades de mi vida han surgido a través de caminos que todos mis conocidos rechazarían, porque requerían mucho trabajo, sacrificio y riesgo.

Por lo general, la gente carece de conciencia de sí misma y no puede pensar más allá de sus instintos primitivos, por lo que la inmensa mayoría no está destinada a la riqueza. Su avaricia, incompetencia, falta de percepción, falta de motivación para aprender, pereza y falta de honestidad ahuyentan a cualquiera que pueda ayudarles. Así que viven en la paradoja de querer más, pero no tener las cualidades que les harían merecedores de ello. Rara vez toman decisiones basadas en la curiosidad, el deseo de aprender o el amor. Solo se centran en la gratificación inmediata y en la supervivencia.

Desperdician años de su vida que podrían emplear mejor preparándose para las oportunidades que buscan o, al menos, construyendo una red de personas a las que admiran en lugar de pretender extraer conocimientos y oportunidades de personas. Los problemas a los que se enfrentan, que son esencialmente de naturaleza espiritual, les parecen normales, porque tienen poca conciencia. Aceptan estos problemas como parte de la vida y resumen su existencia con afirmaciones que racionalizan y justifican sus decisiones. Culpan a algún acontecimiento pasado de su vida de ser la causa de sus resultados, porque no asumen la responsabilidad de sus propios pensamientos. Se han acostumbrado tanto a este hábito que a menudo no tienen control sobre su mente.

Cuando me encuentro con estas personas, me ven desde el mismo ángulo debido a su mentalidad. Fingen ser amigos cuando quieren algo de mí y desaparecen cuando no encuentran lo que buscan. Muchos de los que me conocen suponen que soy rico y, cuando descubren que no he acumulado las cosas que ellos valoran y desean, me consideran un fracasado. Llegados a este punto, estas conclusiones son fruto de su ignorancia y se niegan a aprender de mí. Sin embargo, no lo digo por arrogancia, sino por altruismo, porque tengo soluciones a los problemas a los que se enfrentan, pero ellos nunca quieren escucharlas. Sus ilusiones se convierten en parte de su propia arrogancia. Se niegan a escuchar, creyendo arrogantemente que me entienden y conocen el motivo de nuestro encuentro.

Sin embargo, los problemas que encontramos y las personas con las que nos relacionamos trascienden el tiempo, haciendo de estos encuentros algo más que meras coincidencias. Atraemos lo que ya está en nosotros: recibimos cuando damos y damos cuando recibimos. Puede que no siempre sepamos lo que ofrecemos a los demás, porque actuamos de forma personal. Sin embargo, nuestra presencia y nuestras palabras amables pueden ser justamente lo que necesitan.

Por ejemplo, yo viajo mucho y paso mucho tiempo trabajando en libros, y no espero nada más de los demás que su compañía, pero a menudo no lo entienden porque no conocen el valor de la libertad. Tampoco valoran la amabilidad y por eso pierdo mi tiempo con groserías. No me impresiona tratar de parecer inteligente y la mayoría se comporta tontamente, porque una persona inteligente no se alimenta de cerebro, sino de amabilidad y honradez. Solo los ignorantes, los pobres y los incultos piensan que la imagen social es más importante que el carácter.

Capítulo 3: Superar la duda

Mucha gente se acerca a mí solo cuando quiere algo, ignorando los aspectos emocionales de la amistad. Cuando obtienen la información que desean o se dan cuenta de que no la van a encontrar, desaparecen sin querer entablar un intercambio mutuo. Este comportamiento me sorprendía especialmente cuando se trataba de personas religiosas, sobre todo cristianos, hasta que me acostumbré a la hipocresía que predomina entre ellos. La mayoría de la gente no busca realmente la religión, sino un grupo que le ofrezca oportunidades, un estatus social más alto y la satisfacción de necesidades básicas como la familia y la procreación. Ven la religión como una forma de comunidad, no como un camino hacia el desarrollo espiritual, por lo que aceptan y defienden fácilmente el dogma. El dogma se convierte en parte de su identidad, al igual que la comunidad se convierte en todo lo que tienen.

Sin embargo, aunque el egoísmo es común, las personas egoístas suelen ser infelices porque no pueden establecer conexiones reales. De hecho, cuantas más personas diferentes conocemos, más nos damos cuenta de que la infelicidad se manifiesta de diferentes maneras, todas ellas arraigadas en la ignorancia, la ilusión y el egoísmo. Solo cuando una persona toma conciencia de los dilemas existenciales en un contexto emocional, evoluciona de un estado emocional a un estado social. Hasta entonces, no son más que primates similares a los humanos que buscan la gratificación personal a expensas de los demás. Esto no los convierte en seres sociales, sino en psicópatas y narcisistas que han encontrado la forma de adaptarse a la sociedad.

En nuestra vida, inevitablemente nos encontramos con personas que nos explotan, utilizan y humillan para su propio beneficio. Estas experiencias pueden crear obstáculos en nuestra personalidad que suelen manifestarse en forma de dudas. La duda es como un dulce veneno que suelen administrar quienes dicen querernos o desean nuestra amistad. Cuando dudamos de nosotros mismos, envenenamos nuestra propia personalidad. Sin embargo, el verdadero yo, el ser completo e inmortal, permanece dentro de nosotros, dormido, esperando el momento de despertar. Este despertar llega a través del verdadero conocimiento, que eleva la mente a un estado superior de conciencia. Este conocimiento solo puede alcanzarse a través de aquellos que son capaces de elevar a los demás, y uno debe estar dispuesto a recibir esta elevación.

El alma inmortal, aunque siempre presente, solo se despierta cuando se encuentra con un individuo consciente. En este estado, el individuo, antes sumido en una existencia animal, es capaz de dominar sus instintos y entregarse al yo superior que lleva dentro: el espíritu inmortal dotado de la capacidad de ver a través de la oscuridad. Este guerrero iluminado comprende, por primera vez, el propósito de su armadura y su espada, que siempre han estado ahí para protegerle. Las utiliza para matar al dragón del instinto que le ha dominado durante tanto tiempo.

Sin embargo, este dragón nunca muere realmente, sino que reaparece con nuevos colores y formas grotescas. Este dragón es la sociedad misma, corrompida por los instintos más bajos. Todo ser esclavizado por el instinto e impulsado por el miedo —ya sea el instinto de supervivencia y el miedo a la muerte, la necesidad de placer y el miedo a la soledad— es una bestia diabólica, un demonio. Este es el infierno que tememos, pero que nos rodea en este planeta que llamamos Tierra.

La verdadera comprensión del camino de nuestro espíritu —el propósito de nuestra existencia, moldeado por incontables vidas que nos han llevado hasta el momento presente— se revela en el reflejo de la sociedad, con sus mecanismos de supervivencia y sus oportunidades. Esta comprensión nos conduce a la verdadera felicidad. Sin embargo, esta felicidad nunca es completa, porque el cuerpo físico sufre, la mente alberga temores y seguimos siendo vulnerables a la traición, el daño o incluso el asesinato. Por tanto, se trata de una felicidad parcial dentro de la diabólica estructura social, un estado anárquico dentro de un sistema estructurado, en el que recorremos nuestro propio camino como elementos sociales. Esto puede implicar hacer lo que otros consideran imposible, vivir de formas que no entienden o rechazar hábitos que consideran esenciales.

Cuando alcanzamos este estado mental, reconocemos nuestro valor dentro del sistema y podemos cambiarlo fácilmente a medida que adquirimos nuevas habilidades y ajustamos nuestra personalidad, comprendiendo las implicaciones para nuestro entorno. Ya no tenemos miedo de cambiar de vida, de país, de cultura, de estilo de vida o de profesión para continuar nuestro camino, ni de perder nuestros vínculos afectivos.

La inmortalidad de nuestra alma y el conocimiento que hemos acumulado se manifiestan en estas transiciones y transformaciones, especialmente a través de las interacciones con desconocidos. Quizá esta sea la vía más rápida para el autodescubrimiento, a través de la comunicación con los demás y de la forma en que reflejan nuestro estado interior. Por ejemplo, a menudo suponemos que no gustamos a la gente porque no les sonreímos, pero la mayoría de las personas son demasiado ignorantes y egocéntricas para saber por qué odian a alguien. Están demasiado absortos en su propio mundo interior para juzgar correctamente a los demás. Sus pensamientos no son más que reflejos de su subconsciente, lleno de traumas no resueltos que quieren evitar repetir. Así, gran parte del odio que existe en el mundo es una proyección de miedos e inseguridades internos.

Capítulo 4: Transformar las perspectivas

La mayoría de las personas temen por su propia supervivencia, lo que alimenta la discriminación, el racismo y la xenofobia. Otros temen sentirse inferiores o poco inteligentes, lo que les lleva a insultar y ofender a quienes consideran una amenaza o más inteligentes que ellos. Nunca me di cuenta de la animadversión que la gente siente hacia los escritores hasta que empecé a responder que yo era uno de ellos cuando me preguntaban qué profesión tenía. La mayoría de la gente es inconsciente e ignorante, entiende el mundo a través de una lente práctica y vive con el miedo constante a que su fachada quede al descubierto. Se centran en la funcionalidad inmediata y rechazan todo lo que no se ajusta a su visión del mundo.

Pocos trascienden esta mentalidad. Esto se pone de manifiesto en la forma en que se presentan, a menudo preguntando por el trabajo y los antecedentes de la otra persona para formarse inmediatamente un estereotipo. Toda la interacción se basa entonces en estas dos preguntas, que son una condición común de ignorancia. Esto hace que la persona ignorante se crea con la capacidad de entender a su interlocutor y obliga al receptor del estereotipo a conformarse o correr el riesgo de parecer equivocado, perdido e ignorante por ser diferente y consciente de su singularidad.

Por eso la conciencia no puede mantenerse entre personas ignorantes. Las personas ignorantes buscan controlar a los demás y su entorno para reducir su ansiedad causada por las inseguridades, por lo que nunca se arriesgan a ir más allá de lo que conocen. Sus conversaciones están motivadas por la obsesión de controlar la comunicación mediante nociones preconcebidas sobre qué preguntar y cómo responder para parecer normales. A través de su pensamiento y comunicación basados en el miedo, se quedan exactamente donde están, por mucho que afirmen querer cambiar. Pasarán décadas e incluso toda una vida y seguirán exactamente donde siempre han estado: pensando, actuando y expresándose de la misma manera. De hecho, te hablarán según la imagen que tienen de ti, dando por sentado que tú tampoco has cambiado.

¿Has tenido alguna vez la experiencia de hablar con alguien que en realidad no te ve? Si tus familiares no se sienten incómodos contigo y, sobre todo, si te quieren tal y como eres, debes estar haciendo algo mal en tu vida, porque eso significa que no has cambiado lo suficiente como para confundirles.

No siempre podemos tomar las decisiones correctas, sobre todo cuando el tiempo apremia. Sin embargo, cuanto más integramos el conocimiento y la verdad en nuestra personalidad, más naturales y correctas se vuelven nuestras decisiones, incluso en los momentos más difíciles. Los artistas marciales entienden muy bien este concepto. Aprenden a reaccionar en situaciones que rara vez se dan en la vida cotidiana y esta conciencia del peligro les permite evitar conflictos y tomar mejores decisiones en otros contextos. El mayor beneficio de practicar artes marciales es aprender a controlar el miedo, la emoción que con más frecuencia nos impide actuar correctamente y explorar nuevos entornos.

La vida nos ofrece innumerables oportunidades para comprender nuevas perspectivas en cualquier momento. Si consideramos que nuestra mente se adapta a los patrones de la realidad que puede representar, veremos que la conciencia de la verdad está limitada por solo tres factores:

— la falta de comprensión de las interacciones entre estos elementos, y

— y la falta de comprensión de las interacciones entre estos elementos.

- Asimilación incorrecta de los elementos de la realidad que interfieren con la estructura universal y atemporal de la vida.

El aprendizaje tiene un efecto similar en cada uno de estos casos, ya que representa el reconocimiento de nuevos contextos de la realidad que influyen en la forma en que observamos, interpretamos y reestructuramos nuestra identidad. Nuestro sentido de la identidad está estrechamente ligado a nuestra percepción y comprensión de la realidad. La forma en que vemos a los demás define quiénes somos y cómo pensamos sobre nuestro papel en la sociedad. Esta comprensión elimina gradualmente la sensación de problemas no resueltos, aunque estos siguen existiendo. Se trata de un proceso que conduce a la descarga de energías negativas, purificando y renovando las existentes a través de la toma de conciencia. En otras palabras, no se trata tanto de lo que ocurrió en el pasado, sino de comprenderlo y cómo ha afectado a tu trayectoria vital actual.

El pasado no puede cambiarse, pero sí la forma en que lo asimilamos para construir un futuro mejor. Da igual si te atacaron injustamente, te insultaron, perdiste algo importante o cometiste errores que cambiaron el rumbo de tu vida: lo importante ahora es hasta qué punto puedes seguir existiendo con la misma personalidad que antes de esos acontecimientos. Lo que realmente importa son tus sueños, y siempre puedes recuperarlos. Para los que tienen fe, no hace falta nada más. Sin embargo, quienes lo tienen todo y carecen de fe no pueden ser ayudados a la hora de tomar decisiones difíciles, porque sus posesiones y apegos emocionales son todo lo que tienen y no pueden hacer frente a las transformaciones impuestas por el destino.

Capítulo 5: Las máscaras del conformismo social

Durante la Segunda Guerra Mundial, muchas personas se negaban a creer las historias de atrocidades nazis y se resistían a abandonar sus hogares y medios de vida. Sin embargo, una visita a un campo de concentración en Polonia —país que aún se enfrenta al racismo— permite descubrir la cruda realidad de aquella época. Esta desconexión entre el pasado y el presente persiste, ya que la gente suele relatar acontecimientos históricos como si fueran recuerdos lejanos, sin reconocer su relevancia permanente.

Una vez visité un país cuyos ciudadanos se comportaban de forma tan aberrante que parecían extraterrestres. Sus acciones eran tan psicóticas que toda la nación parecía un manicomio, en el que todos tenían los mismos delirios y consideraban normal su comportamiento. Es fascinante observar que los visitantes de otros países a menudo asimilaban estos hábitos y los excusaban, considerándolos normas culturales. En su afán por integrarse, los extranjeros aceptan estas características como algo típico de la cultura local, lo que termina normalizando sin que se den cuenta comportamientos que deberían criticarse y rechazarse.

Cuando empecé a cuestionar estos comportamientos, me acusaron de ser negativa, antipática e incapaz de adaptarme a la cultura local. La mayoría de la gente me veía como el problema. Pero, en esta situación, ¿quién era realmente el culpable: la cultura o yo?

Si hubiera seguido ciegamente a la multitud, podría haber asumido que ellos tenían razón y yo estaba equivocada. En lugar de eso, me sumergí en la historia de la región. Descubrí que, cuando los Caballeros Teutónicos invadieron la zona en 1411, se encontraron con gente que aún practicaba el sacrificio humano. Sí, hasta 1411, este pueblo quemaba y ahorcaba a sus propios ciudadanos para honrar a dioses paganos. De hecho, cuando los nazis invadieron la región en 1945, no necesitaron campos de concentración porque la gente estaba traicionando a sus propios vecinos, personas con las que llevaba años de amistad.

También aprendí que este país tan xenófobo y racista tiene una de las tasas de suicidio más altas del mundo. Así que, en una cultura llena de sacrificios humanos, suicidios y prejuicios, me dijeron que estaba equivocado. Recuérdalo la próxima vez que un grupo numeroso te diga que estás equivocado: a veces, incluso millones de personas pueden pasar por alto lo obvio. Este ejemplo, referido al territorio de Lituania en Europa, es solo uno de los muchos que se dan en todo el mundo.

Diversos estudios psicológicos han demostrado que la mayoría de la gente tiende a cambiar su comportamiento y su forma de pensar, e incluso a recurrir a la deshonestidad, para adaptarse a las acciones de los demás. Como resultado, a menudo te encuentras rodeado de gente que dice cosas sin sentido. Cuanto más te relaciones con estas personas, más absurdos encontrarás. La única solución viable es dejar que quienes creen tener razón (y tú no) sigan existiendo en su mundo cómodo e ilusorio mientras tú sigues con tu vida. No podrás cambiar a las miles de millones de personas que actúan así ni a las que conoces que siguen a la multitud y basan sus opiniones en la mayoría.

Muchos evitan el pensamiento crítico porque implica responsabilidad y la libertad de ser dueños de sus propios pensamientos, lo que puede resultarles intimidante. Por ello, les resulta más fácil racionalizar cualquier hecho basándose en la creencia de que la mayoría siempre tiene razón. En esencia, la mayoría no piensa de forma independiente, sino que racionaliza las observaciones en función de la moralidad del grupo. Este es el origen de sus conceptos sobre lo que está bien y lo que está mal. A menudo, no se trata de un ser humano verdaderamente consciente, sino de un ser vivo que carece de alma, una especie de «muerto andante». He observado comportamientos similares en diversas culturas y religiones, lo que me ha ayudado a comprender las limitaciones de las perspectivas de la gente.

No puedes cambiar a los ignorantes, pero sí aprender de ellos. Por ejemplo, puedes darte cuenta de que la mayoría de la gente no tiene remedio: se aferran a sus ideas toda la vida porque se resisten al cambio. Pasar tiempo con ellos no solo es inútil, sino que también daña tu autoestima. Además, muchas personas de mi entorno, incluso miembros de mi familia, se enfadaban conmigo porque creían que el mundo que mostraba la televisión era más real que mi experiencia personal. Estaban convencidos de que tenían razón porque habían visto un programa de una hora sobre Finlandia y creían que yo, que había estado allí y tenía una opinión diferente, estaba equivocada.

El mismo problema tenía con mis opiniones sobre China, que solo conocían por la televisión. Pensaban que yo, que vivía allí en aquella época, mentía o no conocía el país tan bien como ellos, porque lo habían aprendido todo por la televisión. Es asombroso y casi increíble lo ignorante que puede llegar a ser la gente. Pero luego te das cuenta de que no estás rodeado de individuos capaces de mantener una conversación con sentido, sino de gente que sigue a la multitud sin pensar.

La inmensa mayoría de la gente se encuentra en un estado mental deplorable. Sin embargo, el mundo de los ignorantes y el de los triunfadores no son lo mismo. Tienes que aprender a lidiar con la decepción, la traición, las mentiras, la manipulación y el abandono de aquellos que realmente creen que tienen razón y se consideran grandes y positivos.

Capítulo 6: La mentalidad de rebaño

L as mentes de los verdaderos ignorantes suelen estar llenas de ideas delirantes sobre sí mismos. Para ellos, cualquiera que no comparta sus creencias es un demente. Están decididos a impedir que los demás triunfen de formas distintas a las suyas, porque ese éxito pondría de manifiesto sus propios fracasos. Ven el mundo como una competición en la que casi no hay lugar para la idea de hacer algo diferente. Sus pensamientos están moldeados por lo que consideran correcto o incorrecto para la mayoría.

Si consigues lo que otros consideran imposible, encontrarán razones para desacreditar tus logros. Pueden argumentar que has hecho trampas, que les has robado sus conocimientos o que simplemente has tenido suerte y no mereces tu éxito. Nunca reconocerán el esfuerzo que has realizado ni los libros que has leído, porque estos hechos no encajan en su visión del mundo.

En general, estas personas creen que todos los ricos han robado, han hecho trampas o simplemente han tenido suerte. Ese es su mundo mental. Muchas personas que conozco en todo el mundo suponen que robo información para mis libros o que me beneficio de algo ilegal, mientras que otras piensan que tengo suerte de poder escribir y ganarme la vida con ello. Creen que mis conocimientos son fácilmente accesibles y que puedo enriquecerme simplemente compartiendo mis pensamientos. No entienden la distinción entre lo real y lo fantástico, lo que es conocimiento práctico y lo que es opinión sin valor, ni la diferencia entre lo que requiere estudio y lo que solo puede expresarse como opinión personal. No son conscientes del esfuerzo intelectual que supone pensar con eficacia y analizar la información. No disponen de las herramientas necesarias y desconocen su existencia. Realmente creen que alguien como yo puede escribir basura y venderla a los lectores. Ese es el mundo en el que viven.

Para muchos, este mundo es tan real que se niegan a creer lo que escribo, aunque compren mis libros. Es descorazonador ser testigo de tanta ignorancia, pero esa es la cruda realidad de vivir en un mundo en el que la gente está ciega y permanece en la oscuridad toda su vida. He conocido a muchas personas que se han pasado la vida buscando respuestas, pero se niegan a leer las soluciones que ofrecen mis libros. Se consideran más listos que yo y siguen buscando respuestas en el lugar equivocado.

Es interesante observar que juzgan el conocimiento y la inteligencia por las apariencias y solo validan la información que se ajusta a sus estereotipos. Esto no sería una muestra tan flagrante de ignorancia si no estuvieran equivocados sobre los mentores que han elegido y su capacidad para entenderlos. Como sugieren muchos textos religiosos antiguos, Dios mantiene ciegos a los arrogantes para que nunca vean los secretos que no merecen.

Los arrogantes están completamente cegados por el mundo superficial que se les presenta. Esta visión del mundo se refuerza a diario a través de sus observaciones y hábitos. No pueden cambiar; se han convertido en piedra, como hipnotizados por la Medusa del mundo ilusorio. Están mentalmente estancados y sus racionalizaciones son meros subproductos de su estado mental, como si solo imaginaran que están pensando. Con el tiempo, su falta de voluntad para pensar se convierte en una desventaja, ya que pierden la capacidad de discernir y ver más allá de sus propias creencias. Se quedan atrapados en su propia visión del mundo y acaban fracasando. El fracaso se convierte en la norma.

La inmensa mayoría de la gente cree que piensa, pero no es así. Cuando se enfrentan a su ignorancia, a menudo se ofenden. Esto se debe a que están tan convencidos de las mentiras que les rodean que no soportan que se les diga que están completamente equivocados. La prisión más eficaz es la creencia de ser libre, cuando en realidad se es prisionero de los propios miedos y pensamientos. Como la mayoría de la gente no piensa realmente, sino que solo racionaliza lo que el rebaño considera correcto, sus miedos reflejan los del rebaño. Temen a un lobo que nunca han visto y confían en los pastores que los explotan: dirigentes, políticos, sacerdotes, etc.

Podemos observar claras diferencias en las personas según su estilo de comunicación. Una persona puede percibirse a sí misma como antisocial o tener dificultades de comunicación debido al comportamiento de los demás hacia ella y a las acusaciones a las que se enfrenta como resultado de las frustraciones acumuladas en sus interacciones. Cuando alguien piensa de forma diferente a la

mayoría, esta, con su mentalidad de rebaño, asume que la minoría
está equivocada e intenta por todos los medios que vuelva a formar
parte del grupo.

Capítulo 7: La dinámica del conformismo

Cuando la gente intenta cambiar mi forma de pensar y no lo consigue, suele sentirse incómoda e insultada. Piensan que están haciendo un esfuerzo positivo, mientras me acusan de ser antisocial. Rara vez tienen en cuenta que pueden estar violando mi identidad o menospreciando mis análisis. Como analizo las cosas de manera diferente, me consideran equivocado por no estar de acuerdo con la mayoría. Estar de acuerdo con la mayoría y racionalizar sus opiniones hace que valoren estas justificaciones por encima de mis análisis.

Este escenario refleja diversos estudios sobre la psicología de la presión de grupo, en los que se ha demostrado que los individuos cambian sus opiniones para adaptarse a la opinión del grupo, incluso cuando saben que están equivocados. Por ejemplo, si un grupo insiste en que algo real no es cierto, un individuo, a pesar de no estar de acuerdo, se siente obligado a amoldarse al grupo. Si un nuevo miembro discrepa, la persona de la situación anterior persuadirá al recién llegado para que adopte el comportamiento del grupo, aun sabiendo que era erróneo.

Diversos experimentos han demostrado lo fácil que es manipular a las personas. Es interesante observar que quienes se consideran más inteligentes que los demás tienden a ser los más fáciles de manipular, precisamente porque se sienten más presionados para ser «buenos chicos». Buscan la aprobación de los demás y, por tanto, se amoldan a lo que les parece correcto para lograr este objetivo. Cuando los gobiernos y las organizaciones tiránicas se dieron cuenta de lo fácil que era cambiar el comportamiento de la mayoría asociando la idea de «niño bueno» al comportamiento deseado, se desencadenaron fácilmente revoluciones y surgieron ideologías como el comunismo. Hoy, en países como China, somos testigos de la fuerza de este factor. El gobierno chino ha establecido un sistema de puntos para la población, en el que el «buen ciudadano» es el que acumula más puntos, lo que infunde miedo a ser «diferente» y aumenta la opresión que ya sufren.

Es muy fácil controlar a una población que tiene miedo de pensar diferente. Influidos por los medios de comunicación y el deseo de aceptación social, la gente tiende a juzgar la realidad por las apariencias y a aceptar esa realidad como verdadera. Ante una plétora de opciones, priorizan las tendencias y se forman una visión de la realidad acorde con la mayoría, es decir, con la llamada masa social. En consecuencia, todo lo diferente se recibe con prejuicios. La gente juzga negativamente lo diferente para reducir su ansiedad y excluir el comportamiento o a la persona que lo exhibe.

Antes de ser analizado, lo diferente desencadena una respuesta automática e instintiva. Así, la prisión mental creada por las creencias se ve posteriormente reforzada por el miedo a la diferencia. Cuanto más miedo acumula una persona, más disminuye su capacidad de pensar, hasta el punto de que le resulta prácticamente imposible llevar a cabo tareas elementales de forma racional. Su mundo se reduce a una rutina de hábitos: comer, trabajar, dormir y pasear por el jardín cercano a casa los fines de semana. Es una vida parecida a la de sus mascotas, lo que quizá explique por qué ven tanto de sí mismos en ellas.

Pensemos en una persona que hace un curso de comunicación y aprende todos los elementos para comunicarse de forma eficaz. Con estos conocimientos, saca conclusiones mediante el análisis comparativo y la deducción. Llegarán a darse cuenta de que aquellos a los que acusan de ignorancia comparten las mismas características contextuales, es decir, suposiciones que no son necesariamente verdades concretas, sino verdades percibidas. Esta toma de conciencia transforma a los individuos cuando empiezan a comprender quiénes son o quiénes quieren ser en su contexto social. Se dan cuenta de que gran parte de lo que perciben los demás se filtra a través de sistemas de prejuicios.

Las personas analizan el presente basándose en su pasado y tardan en adoptar nuevas formas de pensar porque temen ser diferentes. A este nivel de interpretación, la comunicación no puede tener lugar sin un conflicto de intereses. Por eso, las personas que leen mucho suelen tener dificultades para comunicarse con los ignorantes. Los ignorantes tienden a racionalizar basándose en lo que creen que es cierto. Sin embargo, a menudo las personas más ignorantes parecen tener éxito en los negocios. Viven en una verdad que les funciona, pero por dentro se sienten infelices. Al final, todo se reduce a los valores de cada uno.

Capítulo 8: La complejidad de las normas morales

A menudo, las personas con elevadas normas morales tienen dificultades para adaptarse a un estilo de vida que antepone el beneficio económico a la felicidad personal. Esta evolución suele ir acompañada de burlas, ostracismo y discriminación. Gran parte de la culpa que sentimos está vinculada al miedo: al rechazo, a la pérdida y a la oposición de familiares o amigos. La culpa es una emoción tan poderosa e inductora de miedo que muchas personas la utilizan para impedir que cambiemos, con frases como «Piensa en tus hijos» o «¿Cómo vas a defraudar a tus padres?». Muchos también interiorizan esta culpa y entablan diálogos internos como «Tengo que pensar en mis hijos» o «No puedo defraudar a mis padres».

La culpa puede convertirse en una barrera infranqueable para el éxito. Muchas personas no se plantean otras alternativas hasta haber agotado todas las opciones, como dejar a sus hijos con familiares durante uno o dos años para ofrecer mejores condiciones de vida y apoyo económico a sus padres. La mayoría de la gente no piensa a largo plazo y desperdicia muchos años de su vida. Sin embargo, los cambios más significativos siempre llevan tiempo e implican grandes riesgos que no pueden superarse aferrándose a demasiados apegos emocionales.

Piensa en tus apegos emocionales como en los objetos de un barco: si hay demasiados, el barco se hunde. Cuando hay olas fuertes, si el barco no flota con facilidad, estos objetos pueden hacer que se hunda. Lo mismo ocurre en nuestras vidas, aunque no queramos equiparar a las personas que queremos con objetos. Por ejemplo, durante gran parte de mi vida he tenido que dejar atrás a amigos para alcanzar mis metas. Siempre esperé que esos amigos no me olvidaran, pero a menudo lo hicieron. Esta experiencia me enseñó que nadie es realmente amigo de nadie. La inmensa mayoría de la gente solo es amiga de sí misma. Lo que les aportas a través de la amistad solo es válido con tu presencia. No siempre es así, pero suele serlo.

En casi todas las situaciones en las que personas a las que no había visto en muchos años querían hablar conmigo, era porque querían algo —un trabajo, una oportunidad de negocio, algo que necesitaban— y no porque sintieran una conexión real. Esa conexión se produjo quizá con diez personas de las más de 10 000 que he conocido en 15 años. Me resulta muy fácil hacer amigos. La gente siempre se sorprende de lo rápido que hago amigos en cualquier país. Sin embargo, entre todas esas amistades, puede que haya una o ninguna con la que siga en contacto. La mayoría de la gente no empatiza con nadie. Su concepto de la amistad se basa en el ego: «¿Qué pueden hacer los demás por mí?».

Esto se observa en grupos de personas. El hombre mejor vestido y la mujer más bella siempre están rodeados de gente que busca sexo y dinero. Desgraciadamente, con muy pocas excepciones, estas son todas las personas del grupo. Sin embargo, las personas con las que nadie quiere hablar suelen ser las más interesantes, y la mayoría no puede verlo. Siempre que me relaciono con alguien despreciado por los demás, se creen con derecho a exigir algo a cambio. Si es una mujer, imaginan que quieren sexo. Si es un hombre, imaginan que quieren algo relacionado con el trabajo.

La mayoría de la gente tiene una visión muy limitada del mundo debido a su ego. Cuanto más egocéntricos sean, más limitada será su visión del mundo. Esto se debe a la necesidad de supervivencia. Cuanto mayor es la amenaza para su supervivencia, más se comportan de esta manera. En otras palabras, las personas pequeñas de mente y cortas de miras tienden a ser más egocéntricas.

Podríamos llamarlo materialismo, pero en realidad no es más que una obsesión por la supervivencia. Quienes no tienen nada siempre piensan que son pobres. Por eso mucha gente se confunde cuando se da cuenta de que tengo pocas posesiones. Mi vida es muy sencilla porque siempre dono ropa y otros objetos. Esto asusta a la gente, porque crea una disociación en su cerebro entre dos elementos que creían conectados.

Mucha gente no entiende el propósito de la riqueza. No se trata de comer más, comprar más coches y relojes o presumir de fotos de viajes a lugares exóticos. El propósito más valioso de la riqueza es la libertad. La libertad es intangible, es el poder hacer lo que quieras, cuando quieras. Este concepto es tan ajeno a la mayoría de la gente que a menudo no comprenden mi respuesta cuando me preguntan: «¿Cuánto tiempo piensa quedarse en esta ciudad?». Ninguna de las decenas de personas que he conocido en todas las ciudades que he visitado ha entendido la respuesta «porque quiero». Siempre reaccionan como si estuviera mintiendo y ocultando la verdad. No pueden entender que exista una persona que pueda entrar y salir de un país cuando quiera, sin ningún plan. Esta idea es completamente ajena a su visión del mundo, porque implica un nivel de libertad que nunca han visto, oído hablar o siquiera considerado posible.

Muchas personas que conozco en todo el mundo desconocen el concepto de ganar dinero mientras duermen. Asumen que todo el dinero se gana mediante el trabajo, que lleva tiempo acumular riqueza y que esta debe adquirirse permaneciendo en un lugar. Si alguien no sigue este camino, sospechan que está involucrado en actividades delictivas. Algunos son tan escépticos que creen que soy un delincuente. Se niegan a creer que mis conocimientos sean el resultado de una educación que ellos no eligieron. Por eso suelo decir que la ignorancia es una elección. Me siento justificado al llamar idiotas, imbéciles y estúpidos a las personas a las que me refiero en mis libros, porque lo que me ha llevado más de veinte años comprender, a través de cientos de libros y estudios, así como de la experiencia personal, está resumido en mis escritos, y estas personas se niegan a leerlos, pensando que ya lo saben todo. Esta arrogancia, combinada con la ignorancia, es el epítome de la estupidez. Cuando le digo a alguien que he documentado todo lo que sé y decide no leerlo, es que está demasiado ciego para ver lo evidente.

Capítulo 9: El miedo al cambio

La solución a la ignorancia de la mayoría, incluso de los más pobres, suele estar a solo un libro de distancia. Soy consciente de que encontrar el libro adecuado puede ser un reto, pero todos hemos tenido que leer muchos libros equivocados para descubrir los correctos. Las personas que solo leen bestsellers y libros recomendados por amigos no llegan a darse cuenta de esto, ya que intentan evitar cometer errores consumiendo obras populares. Los libros más populares suelen reflejar el sentido común.

Rara vez encontrarás un libro realmente perspicaz en las estanterías de los bestsellers, porque estos libros no son aceptados por la mayoría. La mayoría de la gente busca libros que refuercen su ego, no aquellos que lo desafíen, cuestionen o desmantelen. Por eso, cuando alguien me dice que lee mucho, pero solo a autores famosos, sé que nunca progresará en la vida. Tienen miedo de equivocarse y de enfrentarse a su ego. Ese es el destino de estas personas. Leen mucho, pero es como si no supieran nada. Se nota en sus conversaciones. Tienen conocimientos, pero no habilidades prácticas.

Este problema está muy extendido en las universidades, donde se imparten vastos conocimientos que no tienen aplicación práctica. Las universidades siguen los mismos principios de intelectualización del conocimiento. Lo sé porque fui profesor universitario y comprendí rápidamente cómo funciona el sistema. Muchos profesores universitarios están sobrecargados de conocimientos obsoletos e inútiles, pero se creen más listos que los demás porque nunca han hecho nada que no se ajustara a las normas sociales. Confunden la atención hipócrita, basada en los exámenes y motivada por el miedo que les tienen, con un valor real.

Sin embargo, yo siempre adopté un enfoque diferente, que a menudo intimidaba a mis alumnos, que me preguntaban: «¿Qué hay en el examen?» y «¿Por qué tratas tantos temas diferentes?». Yo les respondía: «Todo lo que digo es vital para la existencia. El examen es solo una parte de ella. Si me entendéis bien, no hace falta estudiar para el examen, porque os daréis cuenta de cómo todo lo que digo se aplica a la vida real. Mi objetivo es que triunféis en la vida, no solo en los exámenes».

Muy pocos estudiantes lo entendieron. La mayoría se concentró en el examen. Como ya he dicho, mucha gente tiene una visión limitada de la realidad y pierde muchas oportunidades. Los alumnos que solo me veían como profesor y no podían ver a la persona que había detrás de la profesión estaban perdiendo el tiempo. No me hacían perder el tiempo porque me pagaban, pero gran parte de lo que compartí y no me hicieron caso está recogido en mis libros. No los leen porque ya no son mis alumnos, y esa es otra forma de ignorancia: perder la oportunidad de aprender de la misma persona durante toda la vida.

Hay personas que comprenden la verdad en cinco minutos, otras que tardan cinco años y otras que tardan cincuenta años. Sin embargo, la conciencia evoluciona solo a través de las elecciones que generan el cambio, no a través del tiempo que se tarda en cambiar: los libros que leemos, las decisiones que tomamos, los viajes que hacemos, las personas que conocemos, los riesgos que asumimos y los cambios que aplicamos. Sin estas acciones, nada más importa —ni siquiera los problemas que consideramos importantes—, porque todo puede cambiar con una sola elección. Detrás de las elecciones más valiosas hay problemas reales: miedo a perder a gente, amigos, familia, etc.; miedo al cambio; miedo al fracaso; falta de autoestima; miedo a estar solo; miedo a confiar en las personas equivocadas; miedo a la traición.

La mayoría de estos miedos están ligados a experiencias pasadas y no siempre persisten por una razón aparente. Un ejemplo es el miedo a volver a empezar. Este miedo es diferente para una persona de 20 años, que sabe poco de la vida, y para una de 50, que ha vivido más y se adapta mejor a nuevas situaciones y entornos. Sin embargo, muchas personas nunca encuentran respuestas a sus dilemas, ni siquiera en la vida, debido a su incapacidad para adaptarse. Sin embargo, encontrar las respuestas que necesitan puede conducir a cambios radicales y transformadores en sus vidas, los mismos cambios que les asustan.

Muchas personas no encuentran las respuestas que buscan porque tienen miedo de encontrarlas. Por ejemplo, muchas personas que he conocido me han pedido que les enseñe a montar y dirigir un negocio en Internet, pero luego me han dado excusas triviales para rendirse, como «no sé cómo pagar impuestos», «primero tengo que registrar el negocio» o «intentaré conseguir ayuda financiera del gobierno». Las excusas para abandonar son numerosas, muchas más que las que he mencionado, porque, como he observado, la gente es increíblemente creativa en el arte del fracaso. Conocen muchas formas de fracasar, pero casi ninguna de tener éxito.

Capítulo 10: El triángulo del éxito

L a pereza es la forma más común en que la gente se predispone al fracaso. Por ejemplo, una vez le pedí a alguien que trabajara conmigo en unos libros infantiles. Tardó más de tres meses en crear una sola historia. El proyecto se alargó hasta que perdió su trabajo y entonces utilizó la búsqueda de empleo como excusa para dejar de trabajar en lo que le había encargado. Con tres meses habría sido suficiente para terminar al menos un libro. Sin embargo, no hizo más que perder el tiempo. Por desgracia, este tipo de situaciones son muy frecuentes. La gente se inventa historias para no hacer nada. Luego, cuando pasan los meses y no se consigue nada, alegan que no pueden continuar porque no hay beneficios y algún acontecimiento externo ha desviado su atención.

Por supuesto, no hay beneficios cuando no se es productivo y suponen que vivirán mil años, ajenos al hecho de que el mundo avanza más rápido que ellos. Deberían darse cuenta si optan por la pereza, pero la pereza refuerza la idea de estancamiento, y por eso la gente la encuentra relajante. De hecho, parece que la gente se siente tan atraída por el fracaso como por el placer y la estabilidad. La psicología se ocupa de lo consciente y lo subconsciente, pero la distinción no es tan clara como parece. Muchas personas fracasan desde el momento en que toman una decisión consciente, porque nunca han creído que tendrían éxito. Más tarde, estas mismas personas afirman que la gente como yo simplemente tuvo suerte, porque es más fácil decir eso que asumir la responsabilidad.

Por supuesto, si no trabajas ni haces nada durante meses, necesitarás mucha suerte para obtener resultados. También es cierto que la suerte es más probable con treinta cuentos infantiles que con uno solo. La gente que dice que tengo mucha suerte ignora que he publicado más de doscientos libros en cinco idiomas, he compuesto más de seiscientas canciones y he fundado más de diez empresas. Es decir, más de mil libros y productos diversos en menos de veinte años. También he trabajado como consultor para varias empresas y universidades, a menudo al mismo tiempo. No soy afortunado, ni mucho menos, teniendo en cuenta la enorme cantidad de trabajo que he realizado.

En todo el ciclo del éxito hay mucho más trabajo que suerte, pero los que creen en la suerte no valoran el trabajo. Por eso dicen: «¡Qué suerte tienes!». Suponen que escribí un libro basado en una opinión personal y lo repetí cientos de veces con diferentes palabras. La estupidez está relacionada con la pereza, pero incluso una persona que trabaja duro puede dejar de ser estúpida. Si eres realmente ignorante, pero lees 100 páginas de cualquier libro al día, dejarás de serlo. El poder de la conciencia trasciende las limitaciones de la materialidad y puede transformarla y transformarnos simultáneamente.

Es en la triangulación entre la materialidad, la autorrealización y la conciencia donde se manifiestan los sueños y se hacen posibles las transformaciones. Las emociones que se experimentan en este proceso van acompañadas de una visión de la verdadera libertad. La libertad que todo ser humano busca se manifiesta cuando superamos los retos de la vida. Cuanto más trabajemos en esta dirección, más profundizaremos en esta sensación de plenitud. De hecho, cuanto más rápido trabajemos hacia nuestros objetivos, mayores serán las probabilidades de alcanzarlos. Esta persistencia y rapidez se producen a costa del tiempo, pero aquí encontramos otro triángulo de manifestación relacionado con la acción. La acción eficaz que conduce al éxito se traduce, por tanto, en un triángulo de persistencia, rapidez y sacrificio.

Persistencia y rapidez son conceptos sencillos. El sacrificio, sin embargo, a menudo se malinterpreta, por lo que es esencial explicar su relación con el placer. El sacrificio se hace evidente cuando se obtiene el máximo placer mediante el consumo de sustancias como alcohol, azúcar, tabaco y alimentos poco saludables. El siguiente nivel implica sacrificar el tiempo, especialmente el dedicado a actividades placenteras como ver la televisión, jugar a videojuegos y socializar. Luego viene el sacrificio asociado a la perseverancia, la superación de la duda y las emociones negativas. A medida que profundizamos, nos encontramos con el nivel físico del sufrimiento, donde aparecen signos de dolor físico, psicológico y emocional. En este nivel nos enfrentamos a nuestros demonios interiores, a los recuerdos del pasado y, sobre todo, a los traumas que esperábamos olvidar. Sin embargo, el sacrificio definitivo es el que sentimos en nuestro propio cuerpo cuando luchamos contra las limitaciones impuestas por el dolor, el hambre, el agotamiento y la falta de sueño.

Esto no significa que los sacrificios que sufrimos no puedan compensarse para evitar el dolor. En este contexto, el sacrificio se explica como la necesidad de adquirir más disciplina, ya que nos mantiene centrados en nuestros objetivos. Un piloto de carreras que no está concentrado no puede ganar la carrera, un atleta olímpico que no está concentrado no puede ganar una medalla de oro y un soldado que no está concentrado puede morir. Su concentración proviene de años de dedicación y disciplina constante.

Capítulo 11: Disciplina y desarrollo espiritual

Cuando hablamos de perseverancia y motivación, a menudo pasamos por alto el hecho de que no existen sin disciplina, tanto mental como física. Si vamos a pasar incontables horas frente al ordenador o leyendo para alcanzar nuestros objetivos, necesitamos mantener el mismo nivel de disciplina a través de la actividad física. Ya se trate de un deporte de equipo o de ejercicios que podemos hacer con moderación en casa, cuanto más disciplina incorporemos a nuestras vidas, más naturalmente se concentrará nuestro cerebro en las tareas. Saltar a la comba en casa es quizá el ejercicio más fácil y eficaz. Mi objetivo es saltar al menos entre 100 y 200 veces al día, lo más rápido posible, porque ayuda a mejorar la coordinación, la resistencia, la disciplina y la salud física y cardiaca.

Podemos superar las barreras existenciales mediante el progreso espiritual y la actividad física. En otras palabras, no superamos las dificultades solo observándolas o hablando con otras personas, sino contemplando el futuro y trabajando diligentemente para alcanzar los objetivos que nos hemos fijado. La experiencia siempre cambia la relación de una persona con la realidad y, por extensión, consigo misma. La forma en que sentimos e interpretamos el mundo cambia significativamente a causa de la experiencia. Así, el conocimiento adquirido a través del aprendizaje y la disciplina permite alcanzar un mayor nivel de conciencia y sabiduría, y, en consecuencia, evolucionar espiritualmente. Esta evolución no solo es interna, sino que también se manifestará en el mundo que te rodea. De hecho, al ampliar tus horizontes, tu capacidad para identificar oportunidades que pueden cambiar tu futuro se hará más evidente. Solo vemos lo que estamos preparados para ver.

La evolución espiritual se produce siempre que la mente desarrolla su conciencia a través de la interacción con el mundo físico, pero esta interacción se amplía mediante la determinación, la persistencia, la disciplina y el conocimiento. Sin embargo, como el ser humano suele forjar su personalidad en función de cómo le juzga la realidad, a menudo no ve posibilidades para sí mismo más allá de lo que le presenta el mundo. Nuestra independencia a la hora de elegir valores y tomar decisiones está muy influida por las opiniones de nuestra familia, cultura y círculos sociales. También se revela en el contraste de los opuestos, lo que significa que cada día se nos presentan elecciones que pueden cambiar los acontecimientos de los días siguientes.

Al darte cuenta de la ilusión que se esconde tras esta dualidad, podrás superar tus retos. Verás que no hay nada malo en oponerte a los demás o en hacerles creer que estás equivocado. Dejarás de culparte por la incapacidad de los demás para comprenderte, que suele manifestarse como autocastigo en forma de resentimiento. De hecho, cuando alcanzamos un nivel superior de moralidad, es de esperar que la mayoría de la población nos desprecie, nos insulte y se oponga a nosotros, porque representamos un contraste con su visión del mundo y suponemos una amenaza para sus cosmovisiones.

Aunque la mayoría de los pensamientos se derivan esencialmente de opciones asociadas a la conformidad con el grupo, que suelen imponerse de forma subliminal y se hacen explícitas cuando no pueden controlarse subliminalmente, los comportamientos conscientes son aquellos que el individuo reconoce como propios, aunque hayan sido copiados de su grupo. Esta diferenciación se produce cuando el individuo consigue oponerse y trascender sus propios pensamientos a través de decisiones que van en contra de su intuición, creencias y hábitos, porque se da cuenta de que le espera un resultado mejor.

Desde esta perspectiva, no podemos analizar los problemas tan eficazmente como los vemos en la lógica relacional, porque la mayoría de ellos están más relacionados con la percepción personal que con la realidad. Muchos problemas personales pueden solucionarse automáticamente con un cambio de perspectiva o de conciencia. Esto es evidente cuando nos trasladamos a otro país y nos encontramos con una cultura diferente que afronta problemas similares. El mundo está tan interconectado y la mayoría de la gente es tan reacia al cambio que puedes aprender mucho sobre ti mismo con solo cambiar de entorno.

También te darás cuenta de que muchas opiniones que tenemos sobre el mundo y nuestras personalidades suelen ser el resultado de las opiniones de una o dos personas, normalmente aquellas con las que pasamos más tiempo, por no hablar de los medios de comunicación, donde destaca la televisión. La opinión de una persona puede ser recogida por millones como si fuera una verdad incuestionable. La mayoría de la gente sigue dejándose llevar fácilmente por lo que los medios de comunicación dicen que debe creer. Sin embargo, a medida que nos elevamos por encima de las opiniones de las masas mediante la formación de la identidad y la conciencia personales, nuestros ciclos kármicos se hacen más pequeños y más cortos.

Capítulo 12: La dinámica del karma

En el acelerado mundo actual, nuestras vidas cambian y nuestros problemas parecen resolverse rápidamente. Poseemos un poder que muchos encuentran incomprensible: la capacidad de alterar completamente nuestro destino en cuestión de meses mediante pensamientos, información y decisiones incrementales ajustadas a resultados impredecibles. Sin embargo, mientras no aceptemos que nuestra mente tiene las soluciones a todos nuestros problemas, podemos enfrentarnos a innumerables decepciones y perder amistades. Esto suele deberse a que nuestros retos, las personas con las que nos relacionamos y los miedos que tenemos están relacionados con cuestiones kármicas que debemos resolver. Seguimos atrayendo a las personas y experiencias necesarias para la autorreflexión, incluso cuando nos encontramos con los peores elementos de la sociedad. Estos encuentros nos obligan a enfrentarnos a nuestra falta de amor propio y a nuestra necesidad de autovalidación a través de la persecución de objetivos vitales que se consideran inalcanzables o que están más allá de nuestras capacidades.

El mundo exterior siempre es un reflejo del mundo interior, aunque no siempre de forma directa u opuesta. Podemos sentirnos decepcionados, pero entonces deberíamos ser más proactivos a la hora de buscar amistades valiosas, cortar más rápidamente las conexiones de poco valor y buscar otras nuevas también más rápidamente. Cuanto más activos seamos en este proceso de búsqueda de respeto y amor, más rápido los atraeremos. Por otro lado, cuando necesitamos estas lecciones, atraemos lo que necesitamos aprender y seguimos sufriendo hasta que lo comprendemos.

Cuando las personas se enfrentan a problemas, pero niegan su responsabilidad, suelen buscar soluciones en los demás, como si supieran mejor que nadie lo que su vida necesita. La verdad es que la mayoría de la gente está llena de opiniones, normalmente basadas en racionalizaciones de sus propias experiencias, pero entiende poco sobre cómo funciona realmente la vida. Como resultado, la gran mayoría oscila entre la satisfacción y la desesperación. La desesperación surge cuando la vida cambia y no saben cómo adaptarse. Muchas personas pasan años centrando sus energías en controlar su imagen social, en lugar de evolucionar y convertirse en mejores individuos. Entienden muy poco del mundo y, en consecuencia, las manifestaciones de sufrimiento espiritual no son auténticas peticiones de ayuda.

Esto se hace evidente cuando ayudamos a alguien que pide ayuda, pero luego nos insulta. Esto es más probable cuanto más intentamos ayudar, porque la mayoría de los problemas que la gente crea en su vida son intencionados. Es como los juegos que eligen jugar. Por ejemplo, una persona que dice: «No puedo viajar porque tengo trabajo», puede que no quiera montar su propio negocio por miedo al fracaso y esté utilizando su trabajo como excusa para negarse algo que desea. La gente suele elegir un elemento de su realidad para justificar sus decisiones. Es una forma de trasladar la culpa de su interior a un factor externo, algo que no puede vincularse a sus propias elecciones. Por lo tanto, cada vez que ofrecemos una solución a alguien que ha creado un problema en su vida, le negamos el karma que él mismo ha creado a través de sus propias creencias.

El karma es un juego que el individuo crea para tener un propósito en lo que llaman vida. Cuando le quitamos este juego a la gente, se resienten porque les hemos quitado el sentido de su existencia espiritual, por muy dramático y doloroso que esto pueda sonar. Necesitan los problemas que han creado para entenderse a sí mismos. No podemos ayudarles eliminando los problemas, porque rápidamente buscarán otros. En su lugar, debemos ofrecerles problemas similares para ayudarles a acelerar este proceso. Esto puede parecer cruel hasta que uno se da cuenta de que la terapia mental más eficaz consiste en conseguir que el individuo se enfrente a sus propios miedos y hable de ellos, y sobre todo que encuentre formas creativas de procesarlos, lo que le llevará a comprender por qué los ha creado.

Solo cuando el individuo se da cuenta de que ha controlado y creado toda su vida y entiende por qué, se libera de verdad. Por el contrario, cuanto más ignorante es una persona, más problemas necesita para sentir que su vida es importante. La persona humilde rara vez siente la necesidad de tener problemas porque, a medida que adquiere sabiduría, pierde el sentido de la importancia. Para los que buscan problemas y formas de sentirse importantes en la sociedad, son invisibles. Llamamos karma a esto solo porque el individuo es responsable de los problemas que atrae. El karma no está separado del carácter o las creencias de una persona. Es bastante irónico que, cuanto menos miedo tiene una persona, menos se enfrenta a él. Así que podemos suponer que una persona que atrae la confrontación cree, por alguna extraña razón, que debe tener miedo. Algunos incluso pueden decir que el miedo y la ansiedad alimentan su motivación para convertirse en mejores personas, como si la enfermedad formara parte de su viaje espiritual.

Capítulo 13: La ilusión del cambio y la comodidad de los problemas

Cuando eliminamos los problemas de la vida de las personas, puede parecer que les estamos impidiendo alcanzar sus objetivos. Por esta razón, muchas personas prefieren tomar medicamentos psicotrópicos para lidiar con sus problemas, en lugar de realizar cambios completos en su estilo de vida. Si se elimina demasiado eficazmente un problema, la persona puede sentir que está perdiendo su autonomía e individualidad, aunque esto es ilusorio. Pueden reaccionar con frases como: «Tú crees que lo sabes todo, pero a mí no me conoces» o «Ésa es solo tu opinión». Incluso puede intentar disuadirte diciendo: «Mi caso es diferente al de los demás», y acusarte de manipulación diciendo: «No sabes qué hacer porque no estás en mi lugar».

Una mujer me preguntó una vez si la estaba manipulando. Cuando le pregunté por qué, me contestó: «Porque siempre me siento muy cómoda a tu lado». Obviamente, estaba apegada a la necesidad de sentirse irrespetada, humillada y abandonada, y por eso nuestra relación no funcionó. Ella quería estabilidad, pero buscaba conflictos. Muchas personas dicen querer algo, pero se resisten a ello porque no son sinceras consigo mismas. Por eso, lo que dicen y hacen a menudo refleja sus problemas internos más que sus acciones o palabras.

La mayoría de las personas no están preparadas para cambiar y quizá nunca lo estén, por eso tienen problemas que parecen durar para siempre. En lugar de eso, crean una identidad en torno a esos problemas y reorganizan sus vidas para mantenerlos. Por eso, cuando no consiguen las parejas que desean, se conforman con las que tienen. Si no pueden viajar a lugares que no se pueden permitir, se dicen a sí mismos que es porque son pobres, no porque tengan que replantearse sus opciones vitales. Es interesante cómo la gente racionaliza su pobreza, a menudo asociándola con su país, porque no quieren admitir que no quieren cambiar sus circunstancias para obtener resultados diferentes. Incluso pueden utilizar a su familia como excusa para no cambiar nunca, como si fuera mejor ser pobre en compañía que rico solo.

La única respuesta que pueden aceptar es una que no existe, porque no quieren cambiarse a sí mismas ni cambiar su realidad. Quieren seguir siendo como son para siempre y, a menudo, siguen siéndolo incluso después de morir. Un fantasma no es más que un alma obstinada que se niega a abandonar el planeta o reencarnarse, y prefiere repetir los mismos hábitos que tuvo en vida durante muchos siglos, incluidos traumas que ya no tienen sentido después de tanto tiempo. El verdadero horror, en su forma más extrema, proviene siempre de la adicción al trauma. Quien ama la autocompasión y el autoengrandecimiento a través de traumas que no le impiden mejorar su vida está a medio camino del infierno.

Cuando la gente me pregunta cómo hago dinero, no les importa cuánto tiempo paso escribiendo ni cuántos libros he leído. Solo quieren una respuesta mágica que les permita obtener conocimientos de la nada y crear un libro al instante, sin ningún esfuerzo. Sin embargo, también te insultan de la misma manera. Cuando decidí dejar mi trabajo como directivo y consultor para grandes empresas y convertirme en vigilante de seguridad, mis amigos estaban confusos y mi propia madre me dijo: «Por fin tienes un trabajo que te conviene. Espero que te quedes ahí para siempre».

Leía todos los días y todas las noches durante mi turno de trabajo, y nunca había leído tanto en mi vida. También escribí mis primeros libros mientras trabajaba de vigilante. Un año después, volví a cambiar de trabajo. En esta ocasión, trabajé como profesor en China y viajé a varios países de Asia. En ese momento, recibí aún más críticas de mi familia y me di cuenta de que la mejor solución no era una elección, sino aceptar el karma que tenía que dejar de hablar con todos ellos. Desde que dejé de responder a los mensajes, he ganado mucho más dinero. El karma realmente nos afecta de más maneras de las que podemos imaginar, pero la más importante es la forma en que nuestra energía atrae sueños que parecen fuera de nuestro alcance, especialmente cuando hemos dedicado años y horas de duro trabajo a conseguirlos.

Cuanto más inmersas están las personas en sus ciclos kármicos, menos capaces son de aceptar respuestas contradictorias de otras personas y más implicadas se vuelven en asegurarse de que son aceptadas por quienes quizá no tengan sus mejores intereses en mente. Por eso se dice que comprender un problema no es tan importante como comprenderse a uno mismo. Muchos problemas pueden solucionarse fácilmente si te haces estas preguntas:

—¿Qué pasaría si no tuviera este problema? ¿Mi vida sería peor?

- ¿Qué pasaría si mi vida no tuviera problemas? ¿Sería aburrida?

La razón de la eficacia de estas preguntas es la idea contradictoria que la gente tiene sobre el control de su propio destino. Muchas personas me dicen que predecir el futuro hace que la vida sea aburrida y no quieren saber lo que va a pasar en todo momento. Rechazan la conexión entre la responsabilidad personal y las consecuencias de esa responsabilidad. Se niegan a tomar el control de sus ciclos kármicos. Y no parece importarles que sus acciones y palabras afecten a su futuro. Esto es lo que realmente rechazan cuando dicen que no quieren conocer el futuro.

Siempre que intentan conocer el futuro a través de la adivinación, están tratando de predecir algo inevitable, como si pudieran eludir los problemas que crean. Nunca quieren saber cómo están creando ese futuro. Cuando alguien me pide que vea su futuro, nunca quiere que le diga cómo crearlo. Quieren conocer el efecto, no la causa, y así repiten los mismos ciclos kármicos. Luego dicen que la futurología no sirve para nada porque sus vidas nunca cambian. Por supuesto, la vida no cambia si te niegas a mirarte en el espejo de tu alma y aceptar los errores que has cometido.

Capítulo 14: El viaje solitario del alma

Nacemos y morimos solos. Los amigos que hacemos a lo largo de nuestra vida son almas con las que nos cruzamos. Cuando renacemos, podemos volver a encontrarnos con ellos, aunque las posibilidades son escasas. La mayoría de los seres espirituales emprenden un viaje individual de desarrollo personal. Este viaje les valida como personas y les transforma a través de sus experiencias. Si son lo bastante valientes como para cambiar rápidamente, perderán a las personas a las que aman. Sin embargo, nos transformamos gradualmente a través de experiencias de polaridades y dualidades, de dolor y placer, a medida que interactuamos con una realidad que posteriormente influye en nuestra identidad.

Tenemos que desarrollar la capacidad de soportar el dolor y renunciar al placer si queremos disfrutar más de la vida. Esta capacidad se equilibra con la competencia que acumulamos y que permanece con nosotros a lo largo de la transición entre vidas. Siempre nos convertimos en mejores versiones de nosotros mismos cuando superamos las dualidades y nuestros pensamientos sobre lo que representan. Es la capacidad de equivocarnos y la humildad de aceptar lo desconocido lo que nos ayuda a cruzar los límites entre lo posible y lo imposible, y a alcanzar posibilidades que nunca habríamos imaginado. Esto viene con el amor propio y el propósito de nuestro viaje espiritual. Significa encontrar una vida tan llena de sentido que aceptemos el proceso del sufrimiento tanto como amamos la alegría que lo acompaña, no como estados estancados del ser, sino como experiencias que nos empujan a convertirnos en personas mejores y más plenas.

Debemos trabajar para crear en la Tierra el mismo tipo de vida que esperamos encontrar después de la muerte. Para integrar el concepto de paraíso como lugar donde renacemos para disfrutar de una vida más pacífica, debemos considerar también la reencarnación. Así es como abrazamos el significado de nuestra existencia y nuestro propósito como almas, independientemente de las circunstancias que nos obligan a adoptar una cultura y una apariencia concretas. La reencarnación cobra sentido cuando ya no tenemos motivos para renacer en la Tierra, cuando estamos orgullosos de lo que dejamos atrás y comprendemos lo que significa ser un ser planetario, sin apego a ningún territorio. Esto no significa que no vayamos a tener problemas en la Tierra si queremos volver, porque siempre habrá desafíos. Pero sí significa que comprendemos por qué existen y por qué otras personas los crean.

Comprender las causas de la ignorancia nos libera de los errores de los demás y de las emociones negativas que generan. Este conocimiento eleva nuestra mente en una sola vida. A medida que aprendemos a percibir la realidad desde diferentes perspectivas, también comprendemos nuestro papel en ella y aprendemos a soltarla. Este proceso puede requerir momentos de soledad, que son significativos por lo que representan: una oportunidad para empezar de nuevo y comprendernos mejor a nosotros mismos. Cuando tu deseo de socializar no procede del miedo a estar solo, sino de un interés genuino por conocer a personas interesantes y compasivas con las que compartir amabilidad, comprendes esta verdad desde una perspectiva más holística y auténtica. También aprendes a escuchar a los demás por lo que creen, no solo por lo que dicen.

La mayoría de las personas no son conscientes de lo que dicen, aunque todo lo que expresan tiene su propio contexto. La gente se guía por las emociones, como los peces en el océano, siguiendo sus instintos inmediatos basados en sus experiencias. Sin embargo, lo que realmente revela la elevación espiritual es la conciencia que trasciende el tiempo y las apariencias físicas y que existe entre las almas. Es entonces cuando comprendes el significado de «Dios está en todas partes» y te reconoces en esta visión divina. A través de esta conciencia, las verdades más grandes se manifiestan de forma constante y esporádica en nuestra mente. Lo oculto se vuelve cada vez más visible, lo que nos permite comprender las leyes de la existencia que son comunes a todos los seres vivos.

Aunque para las personas empáticas es un reto presenciar el sufrimiento de los demás, a medida que desarrollamos una conciencia más elevada, aumenta la empatía. Este sufrimiento forma parte de un orden global que es esencial para el contexto que lo sustenta. Se crea para que los individuos puedan alcanzar nuevos niveles de conciencia. Los seres humanos atraen literalmente y crean sus propios problemas, como queda claro al analizar su historia y examinar las elecciones que les han llevado a su estado actual. Esto es especialmente interesante cuando observamos los patrones históricos y globales que prepararon el escenario para la caída de muchas tribus y naciones.

Para muchos que no ven la luz, solo una abundancia de oscuridad puede crear la necesidad de iluminación que les permita aceptar lo que hay más allá de ellos mismos. En esta oscuridad, se suprime el ego y se revela el alma. Sin embargo, el resultado no siempre es positivo y a menudo puede ser traumático. Muchas personas se suicidan en su camino hacia la ascensión espiritual. Por eso es fundamental la meditación y, al menos, momentos de soledad para reflexionar sobre nuestro pasado, experiencias y elecciones. Cuanto más lo hagas, más comprenderás el contexto en el que te encuentras y las razones de los conflictos y desafíos de tu vida. A menudo es más importante aprender a quererse a uno mismo que aprender a aceptar lo que te ocurre.

Capítulo 15: La vida en incrementos de tres años

Para obtener información durante los momentos de contemplación interior, considera dividir tu vida en incrementos de tres años y reflexiona sobre las siguientes preguntas:

¿Cuáles fueron tus mayores retos en esos tres años? ¿Quién trató de impedir que alcanzaras ciertos objetivos y quién te ayudó? ¿Cómo se produjeron esas interacciones? ¿Cuáles fueron las lecciones más valiosas que aprendiste?

En mi experiencia personal de los últimos tres años, he aprendido que las personas que más daño me han hecho han sido aquellas a las que más quería. Mis mayores retos han sido financieros, derivados de errores en decisiones pasadas. Lo que más me ayudó no fueron las personas, sino mis creencias y conocimientos, que lo cambiaron todo. Como resultado, me hice más independiente y me di cuenta de que tenía que tomar decisiones con más determinación y pasar menos tiempo con gente que no reconocía el valor que yo ofrecía. No se me habían ocurrido estas lecciones en los tres años anteriores. Tenía muchas amistades improductivas y perdía el tiempo con esas personas cuando podría haber conseguido más con mi propia determinación.

A lo largo del tiempo, el karma que se acumulaba estaba claramente relacionado con la falta de determinación y la necesidad de ser más rápido a la hora de seleccionar y rechazar a las personas que permitía que entraran en mi vida. Hoy en día, soy mucho menos paciente con la gente porque soy capaz de ver claramente cuándo me hacen perder el tiempo. El siguiente paso será continuar este proceso de aprendizaje, que incluirá elegir la mejor ciudad para vivir y echar raíces. Esta etapa tiene que ver con la curación emocional. Hasta ahora, mis experiencias han sido principalmente espirituales, así que no me importa cómo nos juzguen los demás cuando dicen que pensamos demasiado o que deberíamos sentir más, porque cada uno de nosotros está en una etapa diferente de desarrollo. Sin embargo, cuando adquirimos los conocimientos suficientes para alcanzar nuestros objetivos, surge una pregunta: ¿estamos preparados para ser felices?

Muchas personas me preguntan: «Has sufrido tanto en la vida, ¿cómo puedes seguir siendo amable con la gente?». Cuando nos damos cuenta de que, en general, la gente es ignorante, dejamos de perder el tiempo pensando en las acciones de los demás. En su lugar, centramos nuestros esfuerzos en crear un futuro mejor para nosotros mismos. Todos tenemos nuestro propio mundo y eso es estupendo. Eso es lo que importa. Una vida sin esperanza no tiene sentido. Mientras tengamos esperanza y fe, tendremos todo lo que necesitamos. Lo aprendí de joven, cuando me enfrentaba al hambre y la pobreza.

Durante mis años universitarios, me vi obligado a vivir en una residencia porque mis padres me echaron de casa. Tuve que compartir habitación con otro estudiante. Por desgracia, me tocó compartir habitación con alguien caótico e inestable. Tuvimos muchos conflictos y llegó a comprar un cuchillo grande para intimidarme. Se lo conté a otras personas, pero nadie hizo nada. Parecía que podía matarme en cualquier momento, pero a nadie le importaba. Todas las noches dormía sin descanso mientras él se iba de fiesta y bebía con otros estudiantes. Nunca sabía qué noche sería la última. Hacía malabarismos con varios trabajos a tiempo parcial para pagar la universidad y el alquiler de mi habitación. No me quedaba más remedio que concentrarme en mis responsabilidades.

Desde entonces, me he enfrentado a muchos otros retos en la vida y he aprendido que a la gente a menudo no le importa si te enfrentas a dificultades o incluso a la muerte. Mucha gente es indiferente. Pero si pierdo la esperanza y la fe, no me quedará nada. Ahora escribo a quienes me entienden y quieren aprender de mí. Ignoro a quienes me insultan y no aprecian lo que ofrezco. Algunos lectores llevan años comunicándose conmigo, mientras que otros son groseros e insinúan que no escribo mis propios libros, sino que obtengo mis conocimientos de otras fuentes. He decidido no tratar con estas personas que me hacen perder el tiempo y la paciencia. La gente es libre de pensar lo que quiera de mí, pero no tienen suficiente información para sacar conclusiones acertadas. Hacen suposiciones basadas en su limitado conocimiento de la realidad en la que viven. Creen saber quién soy solo con mirarme a la cara, y eso me parece una tontería.

Cuando son ignorantes, la gente busca atención y validación en lugar de trabajar en el autoconocimiento, pero para mí eso es una pérdida de tiempo. No digo que no haya que prestar atención a los demás, pero pocas personas lo merecen de verdad. Al fin y al cabo, no importa lo que piense el mundo, porque tú obtendrás tus resultados de todos modos. Por ejemplo, la gente puede pensar lo que quiera de mí, pero mi vida sigue siendo buena y no cambia por lo que piensen los demás.

El problema de la ignorancia es que a menudo se convierte en parte de la personalidad. La gente se ve a sí misma a través de sus creencias y teme que pensar diferente altere su identidad. En realidad, la personalidad que muestran es una constante relativa al nivel de conocimientos que tienen. Las personalidades tienden a manifestar ciertos niveles de conciencia, moralidad y previsibilidad. Solo los individuos con altos niveles de individualidad pueden mostrar una personalidad verdaderamente única.

Capítulo 16: La ilusión de la individualidad

Las personalidades que muestran las personas suelen seguir un patrón repetitivo que revela similitudes en contextos sociales, como tener trabajo, ir al centro comercial los fines de semana, casarse y tener hijos. Incluso sus elecciones alimentarias rara vez se desvían de lo que ven consumir a los demás. Estos comportamientos están determinados en gran medida por el entorno y las personas saben muy poco más allá de él. Por eso, una personalidad independiente puede confundirles y a menudo se les considera locos.

Cuando alguien muestra un mayor nivel de conciencia, moralidad y disciplina, se adhiere a un estándar ético más elevado, menos constreñido por las normas y los dictados de la sociedad. Esto les enfrenta al resto de la población, que no les comprende y se empeña en mantener sus ilusiones sobre lo que está bien y lo que está mal. Así pues, basándonos en lo que identifica y diferencia a las personas, podemos deducir un conjunto de creencias mayoritarias, porque son coherentes con lo que se considera «correcto» y con la idea de lo que «hacen las buenas personas».

Dar las gracias o reconocer ciertos comportamientos socialmente aceptados son un ejemplo de ello. Da igual quién seas o cuántas personas hayas ayudado; si te niegas a decir «gracias» por algo que te han ofrecido o si muestras algún tipo de admiración o interés por los demás, se resentirán contigo. A menudo me doy cuenta de esto porque la mayoría de la gente no me impresiona. Todos creen ser especiales, pero no lo son. De hecho, son muy predecibles, así que rara vez muestro el entusiasmo que esperan de los demás. Sin embargo, el simple hecho de que no muestre admiración suele provocar desinterés e incluso hostilidad.

En su libro Cómo hacer amigos e influir sobre las personas, Dale Carnegie describe innumerables formas de transmitir un mensaje: hacer que los demás se sientan especiales, aunque no lo sean. La gente quiere ver reforzado su ego y que se refleje de forma positiva. Les gusta la ilusión en la que viven y quieren creer que sus vidas son importantes. La inmensa mayoría de la población es olvidada tras la muerte, dejando poco que recordar. Incluso entre los escritores más estimados, son pocos los que producen obras que sigan siendo relevantes durante décadas. Sin embargo, muchas personas viven bajo la ilusión de su propia importancia. Y es probable que este fenómeno haya existido siempre, como demuestran las expresiones sinceras de hombres y mujeres captadas en fotografías o películas de décadas pasadas.

Esta forma particular de ignorancia, la creencia de que alguien es especial, prevalece en la sociedad y a menudo obstaculiza el crecimiento personal. Después de todo, ¿por qué alguien que cree que es especial sentiría la necesidad de cambiar? Por tanto, podemos decir que la creencia en la propia personalidad, junto con la arrogancia y el sentido de la importancia social, caracteriza a quienes luchan por adaptarse a los cambios necesarios en el mundo y evolucionar. Sin embargo, en el extremo de esta fijación en la personalidad se encuentran la pobreza extrema y la muerte.

Aunque no se puede responsabilizar a los individuos de sus circunstancias en los primeros años de vida, cuando llegan a la edad adulta, los resultados de sus vidas están determinados en gran medida por sus elecciones, condicionadas o no. A menudo, esta verdad no es bien recibida e incluso puede percibirse como un insulto. Sin embargo, hay tres razones principales por las que una persona puede no alcanzar la riqueza:

1. La pereza: la falta de persistencia para llevar a cabo un proyecto durante un periodo de tiempo suficiente o la tendencia a buscar soluciones «rápidas y fáciles».

2. Ignorancia: intentar ganar dinero por cualquier medio, incluida la venta de artículos que la gente no quiere, para los que no se tiene valor o que son completamente inútiles para la mayoría.

3. Terquedad: negarse a cambiar o adaptarse a entornos, exigencias y situaciones cambiantes.

Todas las personas que me preguntaron cómo hacerse rico y no lo consiguieron demostraron pereza, ignorancia y terquedad. En cambio, los que se hicieron ricos trabajaron duro, adquirieron los conocimientos necesarios y cambiaron su perspectiva del mundo. Los que nunca me han preguntado por la riqueza suelen considerarme perezoso, ignorante y testarudo, porque no quieren enfrentarse a sus propios defectos. La verdad puede resultar ofensiva, sobre todo para quienes prefieren vivir en la negación.

Un tema recurrente entre las personas que se quejan de diversas circunstancias de la vida es su reticencia a reconocer que son responsables de crearlas y mantenerlas, al menos por ignorancia. Observan la realidad dentro de un espectro limitado de comprensión y se resisten a la idea de que sus problemas tienen su origen en ellos. Muchas personas, especialmente las de las naciones más pobres, atribuyen significados más elevados a realidades menos comprensibles y las simplifican en exceso. Por eso utilizan la palabra «extranjero» para describir a cualquier persona del mundo, comparando literalmente a africanos, asiáticos y estadounidenses. Lo mismo ocurre con los estadounidenses y europeos que piensan que todos los que tienen la piel morena son árabes. Como la gente se resiste a adaptarse y aprender, se inventan historias sobre el origen del mundo tal y como es. Esto les da cierto sentido, aunque no sea necesario para adaptarse a una realidad que no es la suya. Aunque tengan que inventar la mayoría, les sirve para darle algún sentido.

Capítulo 17: La doble naturaleza de la ignorancia

A lo largo de los años, he visto cómo mi familia, en su ignorancia, inventaba innumerables historias sobre mi vida, ninguna de ellas cierta ni respaldada por pruebas. Sin embargo, cuando carecen de inteligencia, ignoran por completo las pruebas. He identificado dos tipos de ignorancia en el mundo: la ignorancia de los incultos y la ignorancia de los cultos. Los incultos se contentan con sus suposiciones y mentiras infundadas, y crean relatos a partir de pequeños fragmentos de realidad, como inferir mi estilo de vida basándose en los tres meses que pasé en Serbia. Por otro lado, las personas educadas son capaces de racionalizar falsedades complejas. Ambos grupos son ignorantes, pero cada uno a su manera.

Por ejemplo, he comprobado que los profesores universitarios suelen mostrar un nivel de ignorancia sorprendente, a pesar de su experiencia a la hora de explicar las cosas. Pueden hablar durante horas sobre nada sustancial, sin presentar diferencias significativas en cuanto a métodos o resultados. Los incultos, por otra parte, no pueden distinguir lo que es valioso de lo que no lo es, razón por la cual mis compañeros pensaban que era estúpida por faltar a clase tanto en el instituto como en la universidad. Nadie podía entender cómo siempre sacaba notas altas, a pesar de la dificultad de los exámenes. No es difícil entender a los ignorantes, porque siempre siguen los mismos patrones.

En ambos casos, los problemas que se inventa la gente, independientemente de su nivel de educación, les dan una falsa sensación de importancia que utilizan para construir su autoimagen. Por eso les gusta cotillear sobre mí; sus vidas son tan aburridas que hay mucho de qué hablar. Cuando no tienen nada interesante en sus vidas, a menudo llegan a un punto en el que piensan que pueden darle un significado eligiendo a alguien de quien cotillear. Tener a alguien de quien cotillear les da una falsa sensación de importancia e inteligencia. Por lo tanto, cuanto más consigas en la vida, menos contacto deberás tener con ellos. Drenan tu energía creando problemas con chismes y difundiendo mentiras.

A menudo, este comportamiento se utiliza contra la gente popular, razón por la que tuve que dejar de dar clases. En lugar de hablar de lo que han aprendido, la gente se centra en su vida personal, porque los ignorantes no aprenden nada, solo buscan entretenimiento. Por eso son ignorantes. Les gusta entretenerse. Los sabios, en cambio, leen y no se preocupan por cosas que no contribuyen a su propio progreso. La validación del sabio proviene de sí mismo, no de mentiras, calumnias ni chismes.

El inconveniente de buscar la validación a través de rumores y cotilleos es que la gente se involucra tanto en la vida de los demás que descuida la suya propia. Cuando finalmente deciden distanciarse del grupo que les valida, esas mismas personas les desaniman o dejan de formar parte de sus vidas. Si las personas que conoces desde hace años no quieren ni esperan que cambies, se resistirán a tu crecimiento y se opondrán a cualquiera que pueda ayudarte. No tardarán en recurrir a discusiones inútiles, enfrentamientos y, finalmente, a dejar de hablarte. Estas situaciones son tan previsibles que se pueden anticipar. Es como observar a alguien con una enfermedad mental inventando explicaciones para su condición, porque este comportamiento es común en la población general.

Con pocas excepciones, la inmensa mayoría de las personas construyen un mundo autocreado que perciben como sólido y se niegan a aceptar el cambio cuando algo trastorna ese mundo. En lugar de ello, fabrican explicaciones no probadas para mantener sus ilusiones. La mayoría de la gente tiene opiniones y explicaciones, pero sabe muy poco. Su vida está dictada por la costumbre. Rara vez leen, y cuando lo hacen, suelen leer material lleno de sentido común popularizado por quienes buscan reforzar su propio ego. Cuando buscan educación superior, solo buscan lo que apoya sus argumentos, no lo que los cuestiona. Esto es especialmente cierto en el caso de los profesores, que pueden hablar largo y tendido sobre temas que no entienden del todo. Esto es habitual en las ciencias sociales, donde abundan las teorías, pero los resultados suelen escasear.

Por lo general, la gente no muestra interés en buscar información valiosa ni tiene la capacidad intelectual y la humildad necesarias para discernir lo que es realmente valioso. La mayoría de la gente ni siquiera sabe pensar de manera crítica. Sus pensamientos están predeterminados por las constantes que observan en el mundo y por lo que filtran en sus propias mentes ilusorias.

Capítulo 18: La ilusión del conformismo

El conformismo no ofende ni molesta a nadie porque carece de verdad, sino que se basa en validar ilusiones y acuerdos sociales. Da igual a cuánta gente escuches, cuántos miles de páginas de libros leas o cuánto creas saber. Siempre que te adhieres al conformismo social, nunca progresarás más allá de lo que la sociedad y sus normas de creencia permiten. La pereza, la terquedad y la ignorancia pueden permanecer ocultas mientras te mantengas dentro de las normas sociales predecibles.

Este estado es una forma de adormecimiento espiritual y esclavitud que muchos han aceptado voluntariamente y a la que se han acostumbrado debido a su naturaleza negativa y predisposición espiritual negativa. Solo cuando conocemos a alguien que no siga estas normas, empezamos a reconocer estas características. Por ejemplo, la gente suele tener una sensación de ignorancia cuando habla conmigo, principalmente porque no sigo las normas sociales. Yo, en cambio, sigo principios que trascienden a la propia sociedad. He observado repetidamente que este planteamiento les confunde, ya que intentan constantemente encajar mis palabras en su marco social. Les cuesta entender mis afirmaciones como verdades o leyes inmutables. Esta negativa a reconocer mi perspectiva proviene de su ego, que les lleva a culparme del conflicto de valores resultante en su interior —esencialmente, su propia disonancia cognitiva—, en lugar de reconocer sus limitaciones.

A nadie le gusta darse cuenta de que la mayoría de la gente es ineficaz e inútil más allá de la estructura social. Incluso si una de cada cinco mil personas se considera valiosa, esto no cambia el panorama social más amplio. Las personas realmente valiosas a menudo dudan erróneamente de su utilidad, debido a la abrumadora influencia de la mentalidad mayoritaria. Mientras tanto, existe una hostilidad generalizada hacia las diferencias, que hace que incluso los pensadores críticos se sientan aislados y acaben conformándose con las opiniones de la mayoría. Esta presión está presente en todas las interacciones, estés donde estés.

Cuando intentas eludir estos principios para evitar la incomodidad, en realidad estás eludiendo la verdad. Por muy bien elaborados que estén tus teorías o planes, no tendrán éxito si no reconoces estos principios subyacentes. Quienes creen que pueden idear un plan para eludir estas realidades sociales están equivocados; solo intentan navegar por una situación impuesta socialmente sin cuestionar la sociedad que la ha creado. Este fenómeno es especialmente evidente entre los llamados nómadas, autónomos y trabajadores a distancia. Estas personas suelen hablar como si fueran los propietarios de importantes empresas, más importantes que las demás. Me fascina lo que cuentan, porque nada en ellos es intrínsecamente especial y lo que dicen de sí mismos es a menudo una completa mentira.

Todas las personas que he conocido en estos campos aceptaron un trabajo sin contrato formal, trabajando de forma independiente, sin instalarse en una oficina tradicional. Lo único que les distingue de otros trabajadores es su precaria situación laboral, que les obliga a buscar constantemente nuevas oportunidades. Son autónomos o trabajadores por cuenta propia, pero esta condición no tiene ningún significado especial. Estas personas responden simplemente a la escasez mundial de empleo, pero no han resuelto el problema de fondo. De hecho, han facilitado involuntariamente que las empresas paguen salarios más bajos y despidan a los trabajadores impunemente.

Los trabajadores en línea no han iniciado un cambio significativo, simplemente se han adaptado a los actuales retos de empleabilidad y a la inflación constante del mercado laboral. No son conscientes de que sus ingresos y su libertad están limitados por la competencia y la fidelidad de los clientes. Los países que se presentan como símbolos de riqueza y estatus suelen ser los más pobres del mundo, porque es más fácil sentirse rico cuando el salario medio es bajo. Por eso hablan de Colombia, Indonesia y Tailandia como si ellos los hubieran elegido, en lugar de reconocer que se les permitió entrar y permanecer en ellos, a menudo en condiciones precarias.

Con el tiempo, la incapacidad para aceptar el cambio puede tener graves consecuencias, como la muerte. Por eso, con el tiempo, muchas personas empobrecidas, enfermas o suicidadas desaparecen. Es lo que cabe esperar de las personas incapaces de cambiar hábitos nocivos, inseguras y perezosas, ya sean adicciones, falta de voluntad para mejorar o patrones alimentarios poco saludables. Por ejemplo, las personas que fuman en exceso muestran una profunda falta de respeto por su cuerpo y actúan como conformistas ignorantes. Buscan aliviar su insatisfacción con la vida no a través del cambio, sino mediante sustancias químicas que prolongan su estado actual. También he conocido a muchas personas que, en apariencia, parecen felices, pero que en privado me confiesan que luchan contra la depresión y las tendencias suicidas.

Capítulo 19: Trascender el materialismo

Cuando vemos el final del cuerpo físico como una fase más de la evolución, nos damos cuenta de que la conciencia no está limitada por el mundo material. Por el contrario, el materialismo obliga a la conciencia a someterse a una transformación constante. Todo conocimiento se crea al hacer consciente lo inconsciente. Sin embargo, cuando esta conciencia se embota con sustancias químicas, las personas se hunden aún más en sus hábitos e inconsciencia, volviéndose cada vez más resistentes al cambio. Sus vidas se rigen por el placer, no por la conciencia.

Muchas de estas personas tienen la capacidad de racionalizar cuestiones complejas, pero cuando se les pide que cambien un comportamiento negativo, cambian de tema y muestran aversión al cambio. Como no todos pueden ingresar en un centro de rehabilitación espiritual para tratar sus problemas con la vida, residen en el único hospital espiritual natural conocido: el planeta Tierra. Este planeta sirve de refugio a las almas del universo que son incapaces de evolucionar con otras razas y necesitan una realidad de densidad superior, caracterizada por el dolor, la inercia y el sufrimiento derivados de la ignorancia. En consecuencia, la sociedad en la que vivimos refleja esta masa social colectiva.

Los valores aceptados por la sociedad se reflejan en el sistema educativo, la literatura popular y el discurso público. Casi todos estos elementos reflejan el mismo paradigma dominante. La única forma de escapar a este paradigma es mediante el pragmatismo y la confrontación con normas y creencias fuertemente arraigadas. Todo aprendizaje es una ilusión a menos que se convierta en pragmático. Este pragmatismo proviene de la percepción personal, ya que no hay otra forma de llegar a una multitud de almas delirantes. Por eso los mejores libros suelen estar más allá de la comprensión de los más conformistas y son difíciles de encontrar.

Las personas que inician el cambio suelen ser recibidas con hostilidad por los conformistas, que las ven como una amenaza diabólica debido a su miedo al cambio. Como resultado, la gran mayoría de la gente no aprende lo que debe, sino solo lo que puede. Esto es evidente hoy en día, ya que muchas empresas se niegan a publicar mis libros y, en muchos casos, intentan ocultarlos al público. Por tanto, cuando alguien busca los temas que se explican aquí, acaba leyendo otras obras que perpetúan las ilusiones en lugar de cuestionarlas.

Aún más extraordinario es cuando la gente critica la literatura que desafía sus creencias, porque no son capaces de ver sus limitaciones. Insultan y culpan al autor por no presentar una teoría que se ajuste mejor a sus convicciones ilusorias y falsedades. De hecho, suelen preferir a los mentirosos que pueden ofrecer argumentos convincentes para mantener las cosas como están e impedir cualquier cambio. Tanto la ficción como los libros populares de no ficción revelan estos patrones. Se puede aprender mucho sobre la sociedad estudiando estos libros, aunque rara vez ayudan a tener éxito y, en muchos casos, pueden conducir a la locura.

Lo mismo ocurre con la religión, que debe ajustarse a las expectativas y necesidades emocionales de las masas. Por eso, las historias de los grupos populares, como los cristianos, suelen estar cargadas de fantasía. La gente solo acepta las ideas que les conmueven emocionalmente. Sin conciencia de sus necesidades espirituales internas, ningún aprendizaje externo puede modificar la estructura de la conciencia. Esta falta de conciencia es la razón por la que muchas personas sufren problemas que se niegan a afrontar.

El amplio uso de drogas psicotrópicas, junto con la obsesión por la religión, refleja una tendencia generalizada en la población a escapar de la realidad. Sin embargo, esta evasión no altera significativamente el estado espiritual. Muchos parecen habitar la Tierra como si fuera un asilo para almas en pena. El consumo de drogas o la adhesión a una religión que solo valora las luchas espirituales comunes solo sirven para enmascarar los problemas subyacentes.

Además, psiquiatras y sacerdotes a menudo obstaculizan inadvertidamente la evolución de las almas, impidiéndoles trascender a lo que muchos llaman el paraíso, al ofrecer servicios que atienden a las necesidades emocionales. Así, la psiquiatría y la religión pueden convertirse en importantes barreras para el crecimiento espiritual, atacando las manifestaciones independientes del alma y reforzando la ilusión de que estos individuos satisfacen diversas necesidades, como la pertenencia, la aceptación, el respeto y la estima.

La mayoría de las personas se unen a grupos religiosos porque las enseñanzas les dan sentido a sus vidas y les ayudan a crear amistades. Sin embargo, a menudo no entienden cómo estas creencias pueden experimentarse fuera del grupo. Perciben la esquizofrenia del mundo como algo distinto de las manifestaciones de su propio grupo. Del mismo modo, las personas adictas a las drogas psicotrópicas suelen creer que el mundo tal y como es representa la totalidad de la existencia y piensan que solo a través de las sustancias químicas se puede disfrutar de la vida con normalidad.

Capítulo 20: La ilusión de la educación

Puesto que la mente solo acepta lo que está preparada para recibir, las necesidades internas están estrechamente ligadas al autoconocimiento. Para experimentar pensamientos y sueños nuevos, primero hay que elevarse por encima del estado actual y abrirse a nuevas ideas y visiones. Por desgracia, muchas personas viven en un estado zombi, gobernadas por influencias subconscientes latentes, ya sean frases que han oído desde que nacieron, valores absorbidos de sus padres o copiados de amigos, incluso de aquellos a los que no ven desde hace años. Viven de acuerdo con un conjunto de valores impuestos por diversas estructuras sociales. A menudo, estos valores se imponen a través del trauma y el miedo, ya sea mediante el castigo, el ridículo u otras experiencias emocionalmente angustiosas, incluidas las que consideramos normales, como hacer exámenes en la escuela.

Si observamos las expresiones de los rostros de los estudiantes antes y después de un examen, veremos que el resultado de este refleja su valor para la sociedad y configura la imagen que tienen de sí mismos para el resto de sus vidas. Sin embargo, muchos empresarios eran malos estudiantes porque no les importaban mucho sus notas. Cuando ponen en marcha un nuevo negocio, prestan poca atención a los errores, lo que les permite aprender, corregir y evolucionar más rápidamente que la persona media, que no sabe pensar con originalidad. De hecho, es mucho más difícil enseñar a un universitario a preparar un examen que a un niño, porque a los universitarios, por lo general, no les importa comprender; llevan toda la vida aprendiendo a memorizar información que no entienden.

Esto es especialmente problemático cuando nos damos cuenta de que muchas personas en las que confiamos, como médicos, dentistas y enfermeros, no saben realmente lo que hacen. La respuesta que siempre obtengo es: «Eso es lo que me dijeron en la universidad», lo que demuestra que no les importan las implicaciones de lo que enseñan. Incluso cuando analizamos cómo se selecciona a la gente para un puesto de trabajo, descubrimos que se trata de una experiencia traumática en sí misma. Muchas personas tienen tanto miedo a ser juzgadas que se preocupan más por ser aceptadas que por encontrar su propio camino. Acaban perdiendo la capacidad de soñar porque su autoestima se ha visto muy afectada por demasiadas experiencias negativas de fracaso y rechazo.

Es más, cuando no ven recompensas inmediatas o se enfrentan a retos en cualquier ámbito de la vida —desde las relaciones hasta los negocios—, se rinden rápidamente. La persona media es demasiado débil para comprometerse con algo más grande que su imagen social, como la autoestima. De hecho, muchas personas cambian su autoestima por cualquier cosa que les ofrezca mayores ingresos y una vida socialmente más gratificante. Por esta razón, no existe una correlación directa entre las notas escolares, la dificultad para encontrar trabajo y el éxito en la vida. Por ejemplo, Jack Ma, el fundador de Alibaba, fue rechazado por muchos empleadores antes de fundar su empresa, incluso para trabajos de repartidor de hamburguesas. Esto demuestra que un gran empresario y un individuo rico se caracterizan por sus hábitos y mentalidad, y no por los juicios de la sociedad.

Por otra parte, también es cierto que los mejores empresarios no siempre son buenos empleados, precisamente porque son muy creativos y se aburren con facilidad. Yo no me daba cuenta de esto cuando era niña, pero la razón por la que siempre estaba distraída y soñando despierta en clase era porque era más lista que los demás, no menos. No estaba destinada a fracasar y acabar con un trabajo de salario medio, como me sugirió el psicólogo del colegio, ni a abandonar la universidad, como me animaron a hacer mi familia y mis profesores. Por el contrario, estaba destinado a convertirme en lo que soy hoy, pero tuve que descubrirlo por mí misma porque nadie me lo dijo.

Con el tiempo, descubrí que las habilidades más importantes, como la creatividad y la capacidad de pensar de forma independiente, que a menudo la sociedad en general tacha de indeseables, nos hacen destacar. Incluso el hecho de que siempre estuviera escribiendo libros como profesor hizo que mis colegas me vieran como un loco que escribía tonterías y perdía el tiempo, en lugar de alguien que estaba haciendo una seria inversión en conocimientos que me llevarían a nuevas cotas.

Otra razón por la que la gente nunca se dará cuenta de tus esfuerzos es que se empeñan en mantener su vida como está, en lugar de empezar de cero y hacer algo diferente. Como resultado, no pueden imaginárselo en los demás. Es precisamente esta incapacidad para adaptarse y aprender de los errores lo que hace que la mayoría de las personas, especialmente los profesores universitarios, sean menos útiles en el panorama empresarial en constante evolución, lo que puede contribuir al fracaso de muchas empresas. No es de extrañar que a menudo utilicen materiales y libros obsoletos, condenando a sus alumnos a adaptarse a un mundo que ya no existe. Por eso tantos licenciados acaban en el paro y, en algunos casos, sin hogar, a pesar de tener un título universitario.

Capítulo 21: El reto de adaptarse a un mundo cambiante

Como he observado a menudo, a la mayoría de las personas les cuesta adaptarse a contextos diferentes. Creen erróneamente que su inteligencia reside en su capacidad para repetir tareas. Sin embargo, esta repetición conduce, con el tiempo, a la obsolescencia de las organizaciones e instituciones. Cuando una organización intenta introducir cambios, los empleados suelen resistirse de diversas maneras. Por ejemplo, cuando me pidieron que enseñara a otros profesores universitarios a mejorar sus métodos de enseñanza, algunos encontraron excusas para no asistir, mientras que otros no podían dejar de mirar sus teléfonos móviles, actuando igual que sus propios alumnos.

Con el tiempo, se hace más evidente la inadecuación de los individuos en el mundo, ya que no desarrollan las habilidades necesarias para justificar sus cargos. Muchos profesores pueden esconderse tras una fachada de competencia que en realidad no poseen —en gran medida porque las universidades valoran más los títulos que la experiencia vital—, mientras que los estudiantes se enfrentan a una cruda realidad. A partir de los 30 años, una persona o se consolida en una carrera significativa o se arriesga a quedarse en paro de por vida, ya que las empresas suelen preferir contratar a recién licenciados.

En los últimos años, con la llegada de la inteligencia artificial, este fenómeno se está acelerando; de hecho, los recién licenciados pueden quedarse obsoletos en breve. Las únicas profesiones que probablemente sobrevivan en un futuro próximo son aquellas cuyas habilidades no pueden ser replicadas por la IA, es decir, las artes y la creatividad. En otras palabras, quienes no sepan pensar de forma crítica estarán cada vez más marginados. Pensar es, fundamentalmente, el arte de articular diferentes puntos de vista, no simplemente etiquetarlos como correctos o incorrectos. Por tanto, las personas perfectamente adoctrinadas por las instituciones gubernamentales suelen ser las mismas que las empresas no quieren contratar.

Muchas personas creen erróneamente que un nuevo gobierno puede resolver los problemas arraigados en una cultura de individuos mal informados y equivocados. Muchos profesores malgastan el dinero de los contribuyentes reproduciendo el sistema existente en lugar de cambiarlo. Esta idea errónea sobre el desempleo surge porque la gente no entiende que la eficiencia proviene del cambio y la adaptación, no del estancamiento y la repetición de patrones obsoletos. Muchos que se consideran expertos en su campo no consiguen trabajo porque se sienten inadecuados para una sociedad que ha avanzado sin ellos. No se dan cuenta de que la sociedad ya no los quiere, precisamente porque son previsibles. La sociedad debe evolucionar mediante la diferenciación, no limitándose a repetir el pasado.

Un polímata, rechazado por el sistema educativo, tiene más posibilidades de encontrar empleo que alguien que ha pasado años estudiando una sola materia. Además, a medida que la conciencia se expande y profundiza, las transformaciones en la realidad de un individuo son más profundas, lo que se traduce en una mayor disposición a aprender y una mayor capacidad de comprensión. De este modo, el ciclo de transformación y el ciclo de aprendizaje significativo están intrínsecamente ligados.

Cuanto más rápido cambia la sociedad, más rápido debemos adaptarnos para mejorar nuestras vidas. Nadie trabaja más duro que quienes están cambiando el mundo. Nunca superarás a los mejores en recopilación de datos, consultoría, inversión y emprendimiento, así que, aunque siempre puedes trabajar menos, nunca trabajarás demasiado. Una persona eficaz es aquella que puede adaptarse a diferentes contextos.

Cuando hablamos de «aprendizaje significativo», nos referimos a conocimientos que nos permiten comprender el mundo que nos rodea desde diversas perspectivas. El hábito de acumular conocimientos significativos remodela nuestro pensamiento y llena el vacío creado por las necesidades no satisfechas en nuestra educación. Aunque el conocimiento no nos proporciona bienes físicos, nos enseña a adquirirlos, lo que da lugar a transformaciones externas que posteriormente alteran nuestras estructuras internas. Cuanto más sabemos, más podemos hacer por nosotros mismos y por los demás, generando un mayor valor que puede intercambiarse por riqueza.

Hemos pasado de intercambiar verduras y ganado a intercambiar habilidades y conocimientos. Sin embargo, una parte importante de la población sigue anclada en una mentalidad medieval. No reconocen la importancia de cultivar su intelecto para obtener los frutos que pueden intercambiarse, sino que insisten en vender tierras vacías cuando solicitan trabajo. Creen que merecen una buena vida basándose únicamente en su personalidad, que es la mayor mentira que los narcisistas se cuentan a sí mismos.

Muchas personas no ven la conexión entre lo que saben y lo que pueden conseguir, y se sorprenden ante un mundo que les devuelve exactamente lo que dan: nada. De hecho, estos mismos individuos suelen fracasar cuando intentan encontrar validación y riqueza en áreas de las que no saben nada. Este pensamiento inmaduro y equivocado se manifiesta cada vez que alguien me pregunta cómo vendo libros, algo que hago a menudo. Nunca se plantean cómo escribir un libro que merezca la pena leer; todavía no he conocido a nadie que haya hecho esa pregunta. En cambio, suelen ir en la dirección opuesta y me preguntan cómo superar el bloqueo del escritor, que es un eufemismo para decir que no tienen nada significativo que compartir. Algunos incluso se molestan cuando les sugiero que, para escribir mejores libros, deberían leer más. Esto demuestra lo ilusos que son sobre sus propias capacidades. No les deseo más que fracaso, falta de ventas y desempleo, porque sus contribuciones solo empeoran el mundo.

Capítulo 22:
La búsqueda del verdadero conocimiento

La ilusión perpetuada por las instituciones educativas gubernamentales conduce a la acumulación de innumerables piezas de información que, en última instancia, son inútiles para la mente y no promueven un sentido de libertad o realización. Como resultado, la sobreabundancia de información puede disminuir la búsqueda de la verdad y hacer que los individuos se aferren al relativismo y al nihilismo. Muchos estudiantes me han dicho que la abrumadora cantidad de información que no pueden utilizar les incapacita para encontrar un sentido más elevado a la vida.

Cuando nuestro aprendizaje o nuestras elecciones están motivados por necesidades externas y no internas, se frena la verdadera evolución. Este tipo de aprendizaje no está motivado por el placer, sino por el deber, lo que hace que los individuos pierdan su identidad en el proceso. El problema de estas distorsiones es que interfieren en nuestra capacidad de supervivencia. Sin embargo, cuando uno toma la iniciativa de desarrollar sus propias habilidades, la sociedad suele invalidar estos esfuerzos.

Por ejemplo, como no estudié formalmente literatura, música o informática, mucha gente de todo el mundo se ofende por mi capacidad para escribir libros, vender música y crear negocios y aplicaciones online sin esfuerzo. Consideran mis logros atajos y trampas en la vida, y ven mi falta de educación formal como algo ilegal o deshonesto.

La mayoría de las personas interpretan la realidad a través de esta lente estrecha porque no pueden imaginar un mundo más allá de las normas que les han enseñado. Por eso, consideran ilegítimos los caminos alternativos. Les resulta difícil conceptualizar a personas con más éxito y capacidad que ellos. De hecho, a muchos les irrita la capacidad de algunos para superarlos en sus logros, utilizando técnicas y conocimientos mejores de lo que ellos creen.

He sido invitado a cenar por muchas personas que querían hacerme preguntas y cuestionar mis respuestas, lo que me hizo preguntarme si estaba perdiendo el tiempo. A menudo, las personas parecen estar demasiado atrincheradas en sus creencias como para aprender algo más allá de lo que se han convencido. Sus fracasos en la vida no solo se deben a la falta de suerte, sino también a la falta de inteligencia y sentido común. En general, puede decirse que su pensamiento es demasiado limitado para prosperar.

Muchos individuos están increíblemente limitados por las normas sociales y los conocimientos aceptados colectivamente, y rechazan a cualquiera que se oponga a sus puntos de vista, considerando que supone una amenaza para su existencia. Como grupo, contribuyen a evitar lo valioso y a que desaparezcan percepciones importantes del mundo. Rara vez buscan libros con ideas que no puedan compartir con otros o que puedan provocar críticas; viven como animales enjaulados que han aceptado su condición. También rechazan cualquier idea que pueda invalidar su visión del mundo.

Este comportamiento es propio de animales, lo que indica que estos individuos están apegados a sus necesidades primitivas de supervivencia a través de lazos emocionales y validación tribal. No son espirituales; si reivindican alguna forma de religión, es solo un intento superficial de validar su ignorancia a través de una fuerza externa, generalmente fabricada por su imaginación y apoyada en información desorganizada y mal traducida que han encontrado. Cambiarán de religión si una de ellas no satisface sus necesidades y declararán que la nueva creencia es más verdadera que la anterior. Aún no han despertado su alma a la búsqueda del conocimiento.

Esto plantea la pregunta: ¿es su situación realmente desafortunada o es simplemente una consecuencia de su incapacidad para adaptarse a la evolución del mundo que les rodea? El verdadero viaje espiritual comienza cuando una persona decide buscar respuestas a sus propios problemas. Este viaje comienza en la mente y requiere la madurez espiritual necesaria para reconocer las propias limitaciones, algo que, por desgracia, muchos padres no consiguen fomentar en sus hijos cuando los sobreprotegen y les dicen que se merecen todo lo que quieren. Estos padres dañan a sus hijos de por vida al hacerles inconscientes de su propia incompetencia e inadecuación como adultos.

También podría argumentarse que los educadores impulsados por el ego, en su apego al sistema que representan, contribuyen a la existencia de ciudadanos frustrados, apáticos, infelices y perdidos, enredados en las ilusiones del materialismo y sin ambición por el conocimiento. Sin embargo, estos educadores son también producto del propio sistema que perpetúan, porque son precisamente los que tienen la alta capacidad de mantenerlo y transmitirlo a las siguientes generaciones, que anhelan mejores fuentes y métodos. De hecho, esto es lo que aprenden los especialistas en educación en la universidad: diversas formas de mantener el statu quo mientras convencen a los alumnos de que están aprendiendo, aunque saben instintivamente que no es así. Los diversos trastornos educativos que se siguen inventando son síntomas de una sociedad disfuncional, inmadura e irresponsable que prefiere transferir la responsabilidad del futuro a los niños.

Capítulo 23: La manipulación de las emociones

A menudo vemos una sensación de satisfacción cuando un alumno por fin entiende una asignatura que le resultaba difícil. Sin embargo, esta satisfacción no refleja una verdadera toma de conciencia o evolución. De hecho, esta satisfacción se dirige al propio sistema educativo, que manipula el pensamiento a través de la emoción. Esta alegría de aprender se manifiesta físicamente como una liberación de los problemas asociados a la incomprensión, problemas que el sistema ha inculcado para conducir al alumno en una dirección determinada. En esencia, el alumno que comprende siente la alegría de escapar de la ignorancia impuesta por el sistema educativo. Es como sentirse aliviado de que un enemigo se haya convertido en amigo, aunque la infelicidad de la situación original haya dado sentido a la felicidad de esta última.

Un fenómeno similar se produjo durante la pandemia de coronavirus, cuando la gente se alegró de recibir las vacunas. Esta alegría estaba condicionada por el miedo generalizado a la infección difundido diariamente por los medios de comunicación.

En otras palabras, se condicionó a la gente a reaccionar de una determinada manera mediante la manipulación diaria de sus emociones.

Aunque las ilusiones se manifiestan en el ego a través de diversos significados, estos no adquieren significado a partir de los significados que les asignamos. Por el contrario, siguen siendo ilusiones porque la verdadera conciencia reside en reconocer que solo podemos determinar nuestros propios significados mediante lo que nos hace avanzar, en lugar de ajustarnos a la mentalidad conformista de la sociedad.

La constatación más difícil y poderosa de la vida es que la mayoría de las personas, con muy pocas excepciones, no están realmente vivas. Viven entre los recuerdos del pasado y las obligaciones del futuro. Sin comprender el sentido de la vida, permanecen ciegas ante las posibilidades que se abren más allá de su limitada perspectiva. Esta visión estrecha configura su identidad, su comportamiento y las historias que se cuentan a sí mismos y a los demás para justificar sus actos. Cuanto más ignorantes se sienten, más se creen importantes. Su sensación de importancia se ve reforzada por la ignorancia de los demás. Creen que si un gran número de personas valida las falsedades a las que se aferran, esto aumenta su importancia de algún modo.

Esta necesidad de pertenecer a una mayoría hace que las personas sean susceptibles de ser manipuladas y es de esta dinámica de donde surge el orgullo. Por ejemplo, durante la pandemia de coronavirus, mucha gente se sintió satisfecha de formar parte de la mayoría que recibió la vacuna. Este sentimiento habría disminuido si hubieran formado parte de la minoría que la rechazó, pero en ambos casos confiaban únicamente en las sugerencias de figuras autorizadas que, a lo largo de la historia, han mentido y perjudicado a su propio pueblo en nombre de ideales socialistas.

De hecho, la Agenda 21, un proyecto de desarrollo sostenible firmado por 178 gobiernos, habla de la importancia de la sanidad y las vacunas como parte de una estrategia más amplia para reducir la pobreza y combatir la superpoblación. El documento vincula sistemáticamente los servicios sanitarios al desarrollo sostenible. Sin embargo, ¿cómo vincular estas dos cuestiones si realmente queremos que la gente esté más sana y viva más años?

Tachar de lunáticos o conspiranoicos a quienes ven lo evidente no invalida la ilógica suposición de que más atención sanitaria resolverá los problemas de superpoblación y pobreza, a menos que queramos evitar hablar de genocidio lento mediante programas sanitarios. Hay que ser increíblemente ingenuo para no verlo, pero la mayoría lo es, y por eso ignora estos documentos, lo que demuestra que la civilización no ha aprendido nada de los errores históricos ni de otros igualmente ingenuos. La mayoría está tan decidida a no ser vista como ignorante que acaba haciendo exactamente lo que hace un ignorante: ignorar la lógica.

Reflexionando sobre mis propias experiencias como estudiante, recuerdo haber sido expulsado de clase por no seguir ciertas normas o por reírme demasiado. Mi risa parecía ofender a muchos profesores, que creían que el aula debía ser un lugar de sufrimiento. Mis compañeros a menudo me veían salir del aula sonriendo y actuaban como si hubiera cometido un delito. Reconocían que solo me estaba resistiendo a normas injustas o expresando alegría, pero me consideraban a mí el equivocado, no ellos. Más tarde, cuando recibían los resultados de sus exámenes, los veían como representaciones definitivas de su potencial, lo que permitía que el sistema educativo dictara su futuro.

Como profesor, viví una situación similar. Mis alumnos solían reírse de mis bromas, lo que hacía pensar a algunos que mis clases no eran tan serias como las de otros profesores. Sin embargo, los alumnos eran siempre excepcionales: rápidos, capaces y muy motivados. A diferencia de muchos licenciados que se sentían desmotivados en la vida, mis alumnos viajaron mucho, siguieron estudiando y mostraron interés por seguir aprendiendo. Ganaron numerosos premios y consiguieron los mejores trabajos porque sus mentes estaban despiertas y preparadas para el necesario viaje que tenían por delante.

Capítulo 24: Liberarse de la ilusión

El torbellino de ilusiones mantiene al ser espiritual enredado en las mentiras que ha construido su propia mente. Este enredo puede durar toda una vida y extenderse a lo largo de varias, atrapando al individuo en ciclos kármicos e impidiéndole darse cuenta de su capacidad para crear su propio destino. Cuando se alimenta este potencial, el miedo suele llevar al individuo a buscar la seguridad, no el cambio. En tiempos de miedo, la gente se aferra más a lo que tiene. La respuesta está en aceptar el cambio y empezar de nuevo, pero muchos no lo ven, lo que les impide comprender los retos de su vida.

Además, cuando la vida es cómoda, la gente suele resistirse a la incomodidad que puede causar el cambio. Rechazan cualquier oportunidad de escapar de los ciclos en los que se encuentran. La enfermedad y la muerte suelen romper estos ciclos, a menudo de forma permanente. Los nuevos comienzos que deberían producirse en la vida suelen manifestarse más tarde a través del renacimiento. Un individuo puede enfrentarse a un nuevo contexto —familia, nacionalidad y circunstancias diferentes— y verse obligado a reaprender lecciones a las que antes se resistía.

Por ejemplo, alguien que quería viajar a la India, pero temía las barreras de comunicación o la soledad, puede renacer en la India y experimentar tanto sus deseos como sus miedos. Del mismo modo, una persona que se aferraba a la riqueza y vivía en un castillo rodeada de sirvientes puede renacer en la pobreza y aprender a obtener ayuda de los demás sin recurrir al dinero, sino a su personalidad. Sin embargo, esto no garantiza que la gente aprenda las lecciones necesarias. La mayoría se limita a contemplar sus desagradables experiencias y concluir que eso es todo lo que pueden conseguir, sin aventurarse nunca en algo nuevo o diferente. Muchos nunca han viajado a otra ciudad de su propio país y pocos conocen todas las ciudades nacionales o los países vecinos. De hecho, algunos incluso creen que para viajar se necesita riqueza, lo cual es un concepto erróneo.

Aunque la libertad requiere algunos recursos financieros, no se necesita una fortuna. El coste de la vida en otros lugares es relativamente bajo; con solo 5000 dólares al mes, una persona puede viajar a cualquier parte del mundo y vivir como un lugareño más. Aunque 5000 dólares puedan parecer una cantidad considerable, se debe principalmente a que la mayoría de la gente del mundo no tiene acceso a ella. Para alguien nacido hace 50 años, cuando el coste de la vida era más bajo, esta cantidad parecería aún más significativa. Hoy en día, ser millonario es tan corriente que apenas llama la atención. La nueva aspiración es convertirse en multimillonario, y en el futuro serán los trillonarios los que atraigan la atención. Este cambio de enfoque se debe en gran medida a la disminución del valor del dinero con el paso del tiempo, provocada por la inflación.

La vida se hace más difícil para la mayoría, que no está preparada para un mundo que se está quedando atrás, mientras que los que afrontan las dificultades y abrazan la innovación emprenden viajes hacia la riqueza y la libertad. Sin duda, yo estoy recogiendo los frutos de muchos años de duro trabajo, mientras veo morir en la miseria a familiares que nunca me ayudaron por egoísmo y a muchos amigos fracasar en la vida a pesar de sus títulos universitarios. Incluso mis alumnos, a quienes antes no tomaban en serio cuando les enseñaba lecciones importantes sobre la vida, dicen ahora que quieren tener la misma vida que yo porque se sienten atrapados en una vida que no quieren, a pesar de mis advertencias de que no era la mejor opción.

En una economía global, los métodos de creación de riqueza son más relativos y ya no podemos utilizar los métodos con los que prosperaron nuestros antepasados. De hecho, es una tontería creer y esperar que un gobierno provoque el cambio, en lugar de buscarlo a través de la migración. Por ejemplo, crear una empresa en Europa puede requerir un gran esfuerzo, mientras que en otros lugares el mismo esfuerzo puede ser relativamente fácil. Esta disparidad se debe a las diferentes estructuras que facilitan o impiden el acceso a la riqueza en las distintas regiones.

En Europa, el acceso a la riqueza se ha restringido históricamente para evitar que las clases bajas compitieran con las altas. En Estados Unidos, en cambio, la competencia es un aspecto fundamental de la prosperidad del país. El crecimiento de Estados Unidos se estancó cuando las clases altas bloquearon el acceso de las clases bajas a la riqueza. Esta lucha explica por qué cuestiones sociales como el racismo y la discriminación son tan delicadas en Estados Unidos. La identidad de la nación está en juego y el país podría enfrentarse a un futuro sombrío mientras no exista una identidad que abrace la diversidad. Crecemos a través de la diversidad y la innovación, y Estados Unidos, Canadá, Singapur, Suiza y Australia son buenos ejemplos de ello. Solo flaquean cuando olvidan esta verdad fundamental.

Capítulo 25: El poder de la imaginación

El mayor temor de muchos es el miedo a no tener nada. Sin embargo, no tener ataduras, nada que temer perder, y la capacidad de empezar de nuevo es una bendición única. Las personas más sabias de la historia, desde monjes hasta los más grandes filósofos griegos, buscaban poseer poco porque comprendían esta profunda verdad. Reconocían que la luz está gobernada por la oscuridad o, como sugieren las escrituras hindúes, lo visible surge de lo invisible: el átomo existe dentro de la molécula, que está influida por la mente consciente. Para que la mente despierte a su potencial de cambiar la realidad, primero debe ser libre. Solo cuando la mente se siente libre puede reconocer su potencial y actuar en consecuencia. Esta libertad proviene de la autoconciencia y de la comprensión de las leyes del universo.

Para quienes no las comprenden, la riqueza y la pobreza pueden parecer estados opuestos de la existencia, cada uno de los cuales ofrece una forma diferente de experimentar la realidad. Sin embargo, esta distinción solo tiene sentido si consideramos el dinero como un medio para alcanzar un fin. Cuando observamos esta distinción a través de la lente de la oportunidad y de nuestra relación con el mundo físico y quienes participan en él, vemos que se manifiesta de formas que van mucho más allá de lo que presenta el mundo físico. Una persona puede prestarnos el dinero que necesitamos, un banco puede hacernos un préstamo y nosotros podemos generar ideas valiosas reconocidas por la sociedad que nos permitan adquirirlo.

Gracias a nuestras ideas y a nuestra capacidad de observar la realidad de forma objetiva, podemos alcanzar metas que antes parecían imposibles, al menos según el contexto social en el que estábamos inmersos. Por tanto, podemos afirmar que la imaginación es la capacidad humana más poderosa: lo que se puede imaginar, se puede conseguir. De hecho, es la mejor forma de desarrollar vías neurológicas que nos permitan alcanzar el tipo de vida que deseamos. Nuestra capacidad imaginativa guía el desarrollo de nuestro cerebro y nos ayuda a encontrar posibilidades. Por esta razón, podemos decir que nuestra mente, como fuente de imaginación, tiene la capacidad de alterar nuestra inteligencia y aumentar nuestro potencial de éxito.

Muchos deportistas lo han descubierto y han utilizado su imaginación para prepararse mentalmente para los retos que tienen por delante. Puede utilizar el mismo principio para acceder a realidades alternativas. Si puede imaginarse hablando con su otro yo, que existe en una realidad alternativa en la que usted es quien quiere ser, podrá obtener información sobre ese yo que puede ser difícil de entender o descartar como mera fantasía. Esta capacidad metacognitiva te permite darte cuenta de cosas que antes estaban fuera de tu espectro de autoconocimiento. Es más, cuando la imaginación proporciona las respuestas que buscamos, estas se vuelven tan tangibles como cualquier otro elemento de la realidad material.

Piensa, por ejemplo, que antes de tomar una decisión, puedes imaginar los dos resultados y vislumbrar una línea temporal en la que tu yo futuro ya está experimentando lo que tu yo actual aún no ha visto. Así, puedes hablar con ese yo futuro y preguntarle cómo se siente, y obtienes una visión más profunda del inmenso caudal de conocimiento que reside en su subconsciente. Además, este ejercicio puede despertar el potencial de soñar premoniciones mientras duerme, permitiéndole descubrir secretos que otros quizá nunca le revelen, incluidos planes ocultos contra usted. A menudo, durante el sueño, recibimos advertencias sobre cosas de las que no somos conscientes en nuestras rutinas diarias, lo que nos permite prepararnos para posibles conspiraciones contra nosotros.

Este potencial imaginativo expande la conciencia, llevándonos más allá de lo que la imaginación puede contemplar. Si utilizas tu imaginación con frecuencia y de forma intencionada, podrás descubrir posibilidades y prepararte mejor mental y emocionalmente para futuros retos. Cuando tomes una decisión, pregúntate simplemente: «¿Qué podría salir mal? ¿Estoy preparado para ello?».

Como el sistema educativo suele suprimir esta habilidad, devaluando el potencial del arte y la expresión creativa, debemos desarrollarla en la edad adulta. Podemos establecer un ritual matutino consistente en imaginar el tipo de vida que deseamos y preguntar al otro yo, en una realidad paralela, quién es y qué hizo para adquirir esas cosas. Los pensamientos que fluyen en nuestra mente desde ese otro mundo, desde ese futuro alternativo, aparecerán en tiempo real, ya que la mente no tiene concepto del tiempo.

Nuestras capacidades telepáticas se manifiestan en el mismo momento en que hacemos preguntas, aunque puede llevar algún tiempo aprender a reconocer los pensamientos que nos llegan. Primero se manifiestan como energía y vibración, que hay que descodificar a través de nuestras emociones.

La telepatía no consiste en recibir mensajes palabra por palabra, sino más bien en decodificar símbolos, significados y sentimientos que convertimos en palabras en nuestra mente. Es como ver una puerta y saber lo que significa sin tener que verbalizar la palabra «puerta» antes de usarla. En nuestra vida cotidiana, realizamos muchas tareas que no verbalizamos. La telepatía funciona según los mismos principios cuando nos comunicamos a través de otras expresiones en mundos paralelos.

Capítulo 26: La prisión mental de la educación

El sistema que los seres humanos han construido para sí mismos funciona como una prisión mental que moldea la conciencia de quienes se educan en él. Adapta a las personas a pensar y comportarse de la misma manera, creando una uniformidad que muchos no reconocen como un problema. Por el contrario, las personas suelen enorgullecerse de ser réplicas unas de otras, con las mismas creencias, experimentando resultados similares y pasando por los mismos dramas. Han normalizado sus vidas, incluso consumiendo medios de comunicación que reflejan sus propias experiencias.

Es más, la gente ha aprendido a aceptar los retos diarios a los que se enfrenta sin ver nada malo en ello. Muchos me han dicho que la vida sin problemas es aburrida, lo que indica que dan sentido a sus luchas. Esto debería considerarse anormal, pero no lo es, porque las personas que mantienen estas creencias suelen estar condicionadas por el propio sistema que las perpetúa. El cambio debe producirse en el individuo antes de que pueda ver los defectos de su pensamiento.

La gente olvida que las soluciones que proponen no son más que reflejos de los problemas creados por ese mismo sistema, porque están tan condicionados por él que lo olvidan. Muchas personas, por ejemplo, se quejan de que las escuelas solo les enseñan a memorizar materias irrelevantes. Sin embargo, eso es exactamente lo que exige el sistema: personas capaces de memorizar información con poco valor en sus vidas, esencialmente robots educados que pueden reproducir el mundo tal y como es, sin cuestionarlo ni cambiarlo. El sistema obliga a las personas a conformarse con la realidad que quiere perpetuar. El problema, por tanto, no es la educación en sí, sino las expectativas que la gente tiene de ella. Tanto los educadores como los estudiantes se esfuerzan por mantener una sociedad que se resiste al cambio, dando prioridad a la memorización frente al pensamiento crítico. Esta estructura es la base de la sociedad y, por eso, se mantiene.

Aquellos que tienen demasiadas ideas, cuestionan demasiado y se niegan a adaptarse a las realidades conocidas suelen ser considerados inadecuados para el sistema. Como consecuencia, los alumnos con dificultades académicas suelen interiorizar la creencia de que no son capaces o inteligentes. Esta idea es una falsedad perpetuada por el sistema educativo. Muchos estudiantes capaces no encajan en el molde de alumnos obedientes; destacan por su independencia y, con la orientación adecuada, pueden alcanzar un importante éxito económico.

He conocido a varios estudiantes que tenían dificultades con el modelo educativo convencional, pero que podían aprender rápidamente si se les daban las herramientas para pensar de forma crítica. Yo soy una de esas personas. Nunca fui una buena estudiante; siempre vi la escuela como una pérdida de tiempo y a los profesores como ineficaces y arrogantes. Sin embargo, como mi estilo de enseñanza era diferente al habitual, pocos estudiantes veían la ventaja de aprender de mí. La mayoría de la gente está tan atrincherada en falsedades que la verdad les parece extraña e incluso puede parecer errónea. Por eso, dejé de perder el tiempo enseñando a quienes no estaban dispuestos a aprender, porque pocos alumnos reconocían mi valor.

El proceso de evaluación en la educación encarna la hipocresía de un sistema que obliga a los estudiantes a encontrar soluciones a problemas que él mismo ha definido como relevantes. No es de extrañar, pues, que los niños vean la escuela como una obligación y un sacrificio; cualquier otra cosa les parecería antinatural. Este método de aprendizaje interrumpe la evolución natural de la mente, que en última instancia no tiene otra alternativa. Las realizaciones inesperadas que surgen durante la obligación de estudiar, relacionadas con el universo único de cada individuo, no suelen apreciarse. Por tanto, los que triunfan y van a la universidad no son necesariamente los mejores, sino los más hábiles para adaptarse al sistema sin cambiarlo.

El aprendizaje que el espíritu requiere del mundo exterior suele manifestarse a través de sugestiones, es decir, coincidencias inesperadas en el entorno que no se corresponden con la situación actual de la persona. Puede tratarse de un encuentro inesperado o de una oportunidad que parece imposible. Sin embargo, a menos que cultivemos la curiosidad infantil, siempre fracasaremos a la hora de reconocer estas oportunidades mientras desarrollamos nuestra mente para obtener mejores resultados. Muchos no actúan porque no ven lo que su mente no reconoce. La necesidad de actuar solo surge cuando está vinculada a algo intrínseco al individuo.

En otras palabras, una persona solo responderá si percibe un beneficio y está dispuesta a perseguirlo. Este es un punto crítico que los partidarios de las técnicas de visualización no suelen tener en cuenta. Creen erróneamente que existe una correlación directa entre visualización y manifestación, pero, para que esto fuera cierto, habría que prescindir de la mente, de la individualidad y del propio espíritu en su conciencia inmortal, lo cual es ilógico.

Capítulo 27: Visualización y posibilidad

Las técnicas de visualización sirven para vincular el subconsciente con la mente consciente. Crean hábitos conscientes que nos ayudan a identificar las oportunidades adecuadas en nuestro entorno y nos permiten actuar con mayor rapidez y precisión. Las afirmaciones funcionan de forma similar. Por ejemplo, pensemos en alguien a quien le han dicho repetidamente: «Nunca tendrás éxito con esa personalidad» o «Hacerse rico no es para gente pobre como nosotros». Cuando estas personas encuentran las oportunidades adecuadas, suelen desaprovecharlas porque han sido condicionadas para rechazar conscientemente lo que se les presenta. He sido testigo de este fenómeno muchas veces y, a menudo, parece tan absurdo que cuesta creerlo.

Por ejemplo, le ofrecí a un amigo la oportunidad de viajar a China y desarrollar su idea de negocio, pero la rechazó por la distancia y el miedo a perder el tiempo de sus vacaciones, ya que solo tenía unos días libres. Del mismo modo, cuando le ofrecí libros sobre cómo crear una empresa, ni siquiera se molestó en leerlos. Sin embargo, su sueño era convertirse en un empresario de éxito. Como era de esperar, ese sueño nunca se hizo realidad. Aprovechó las oportunidades y aspiraciones que tuvo a través de mí, pero acabó fracasando porque no estaba dispuesto a renunciar a dos semanas de su vida y le daba pereza viajar a otro continente.

La mayoría de las personas simplemente no están mentalmente preparadas para perseguir lo que dicen que quieren en la vida. Sus acciones no coinciden con sus palabras, lo que indica claramente que sus deseos nunca se harán realidad. Cualquier otra razón que se les ocurra para justificar su inacción no es más que una excusa para seguir en su situación actual.

A diferencia de mi amigo, yo acepté una oferta de trabajo en China que pagaba menos de la mitad de lo que ganaba en una empresa situada a cinco minutos a pie de mi casa. Acepté el trabajo, que estaba a cuatro vuelos de distancia y en una ciudad muy fría, antes de tener dinero para cubrir mis gastos de viaje. A los pocos días, recibí un préstamo inesperado del banco, ya que nadie de mi entorno me prestaría el dinero, a pesar de que insistí en que lo devolvería inmediatamente con mi sueldo. Como tenía mucho tiempo libre, escribí allí la mayoría de mis libros. Unos años más tarde, dejé ese trabajo para convertirme en escritor a tiempo completo y viajar por el mundo.

Mientras tanto, mi amigo sigue exactamente donde estaba hace 15 años: todavía trabaja como guardia de seguridad porque no ha podido desarrollar su negocio ni encontrar un trabajo relacionado con su título universitario. Poco después, se obsesionó con visitar al psiquiatra y tomar psicofármacos para sobrellevar su miserable vida. Es la definición de un perdedor. Sin embargo, se convirtió en el perdedor que es hoy por voluntad propia. Uno termina inevitablemente convirtiéndose en lo que define que es a través de sus actitudes, palabras y elecciones.

Muchas personas creen que la pobreza determina sus resultados, pero no es un problema grave; al contrario, es una condición económica que puede superarse buscando oportunidades y formándose. Lo he comprobado una y otra vez en mi propia vida y en la de mis seguidores. Una persona no sigue siendo pobre simplemente porque lo es; sigue siendo pobre porque no busca oportunidades para aprender, mejorar y desarrollar las habilidades necesarias para conseguir el trabajo de sus sueños.

Además, muchas personas creen erróneamente que necesitan saber cuál será el próximo paso en sus vidas y que este determinará toda su existencia. Esta suposición es arrogante y corta de miras, ya que la gente suele conseguir mucho más de lo que cree en distintos ámbitos de la vida. Las mejores oportunidades que he visto en las personas que conozco no estaban relacionadas con lo que inicialmente pensaban que podían hacer; en muchos casos, eran habilidades que aprendieron por su cuenta.

La diferencia entre estas personas y la gente corriente estriba en su disposición a aprender, probar, fracasar y aprender de sus errores. También están abiertos a buscar oportunidades en todo el mundo yendo allí donde se abren las puertas. Cruzan continentes y consiguen cosas que a los locales a menudo les cuesta encontrar. Muchos de mis antiguos alumnos han conseguido trabajo en países donde la población local tiene dificultades para encontrarlo. Lo consiguieron porque mantuvieron la mente abierta y buscaron oportunidades fuera de su zona de confort.

También hay quienes están tan decididos a triunfar que no se rinden por nada. Una de mis lectoras se trasladó a Inglaterra con un visado de estudiante y enseguida consiguió trabajo de camarera en un restaurante. Lo consiguió llamando a todas las puertas posibles con copias de su currículum. Después de conseguir el trabajo y el visado, mantuvo este estilo de vida hasta terminar la universidad. Luego consiguió un trabajo bien pagado en Londres, donde sigue viviendo.

Capítulo 28: El viaje hacia la manifestación

A menudo, las soluciones a nuestros problemas no son sencillas. A menudo tenemos que pasar por varias etapas antes de poder hacer realidad nuestros sueños. Sin embargo, este proceso solo tiene lugar cuando estamos mentalmente preparados. Por lo tanto, es esencial visualizar y afirmar los resultados deseados antes de que se materialicen. Esto puede ser tan sencillo como ver imágenes de lo que deseamos cada noche y, a continuación, cerrar los ojos e imaginarnos en esas escenas. Las frases que nos repetimos a nosotros mismos deben contener afirmaciones que aumenten nuestro potencial magnético para atraer lo que deseamos. Por ejemplo, si una persona ha oído durante años que es pobre y que nunca será rica, debe sustituir esta frase por algo como: «Soy pobre, pero puedo ser rico». Luego debe repetir: «Puedo ser rico».

Realmente puedes ser rico. Todo el mundo tiene ese potencial; lo único que tienes que hacer es reconocerlo en tu interior y mantener el impulso hacia tu objetivo. No importa el tiempo que tardes en hacer realidad tus sueños, porque siempre son alcanzables. Debes plantearte qué debes cambiar en ti para acelerar el proceso. Sin duda, alguien que lee mucho tiene una capacidad de comprensión mucho mayor que la media de las personas que luchan por entender su realidad, porque no pueden ver lo que no entienden.

Siempre he conseguido acelerar los resultados en mi vida, incluso cuando todo parecía perdido y no había esperanza, porque soy un lector voraz. Cuando trabajar 16 horas al día no era suficiente para cubrir mis gastos y mi vida parecía sombría, devoraba todo lo que podía aprender sobre fe, magia y ocultismo. Luego apliqué las técnicas que había aprendido para buscar los métodos más eficaces. Aunque imperfectos, mi determinación y fe en el proceso me acercaron tanto a mi objetivo que la única forma de fracasar era dejar pasar la oportunidad.

Desde entonces, he superado los retos creados por otras personas debido a la discriminación, el racismo, la envidia y otras emociones negativas. Mientras tanto, he observado que muchas personas pueden lograr lo que desean, pero rechazan la posibilidad por falta de conocimiento o por miedo. No leen mis libros después de conocernos, o tienen miedo a cambiar. Me parece ridículo, pero, en última instancia, las personas son responsables de su propio destino. Así que nunca intento disuadir a nadie de actuar según su ignorancia ni convencerle de que lea mis libros.

Me he dado cuenta de que muchas personas están demasiado ciegas para ver el valor de lo que tienen delante, aunque venga de un autor. Se ríen de lo que digo y suponen que no soy capaz de escribir extensamente o que no tengo conocimientos importantes, pero están actuando en contra de sus propios intereses. Lo que piensen de mí no cambia mi realidad, solo les define a ellos y sus resultados en la vida. De hecho, no espero nada de alguien que me insulta; simplemente está siendo fiel a su naturaleza. Sería tonto por esperar que un idiota actuara de otro modo.

La mayoría de las personas están tan decididas a mantener su vida actual, aunque digan que quieren cambiarla, que es una pérdida de tiempo intentar ayudarlas. Por ejemplo, tenía una amiga que era monitora de fitness y había leído mucho sobre cómo montar un negocio. Me enseñó orgullosa su extensa colección de libros sobre el tema. Aunque me pareció impresionante, no fue suficiente, ya que en realidad no tenía un negocio. En aquel momento, tenía una tienda de deportes en línea que iba bien, pero le estaba quitando demasiado tiempo y quería venderla. Decidí ofrecerle el negocio a mi amiga sin poner ninguna condición. Para mi sorpresa, se negó alegando que no entendía de negocios online. Insistí en que podía enseñarle lo que necesitaba saber y ayudarla a convertirlo en un negocio físico, de modo que pudiera vender directamente a sus clientes en el gimnasio. Aun así, rechazó la oferta.

Meses después, cuando perdió su trabajo en el gimnasio y empezó a trabajar temporalmente como autónoma, volví a ofrecerle la tienda online, pero volvió a rechazarme. Estaba rechazando una oportunidad de oro para dirigir su propio negocio de ropa deportiva con mi ayuda. Entonces, ¿por qué leía tantos libros sobre el tema? ¿De qué servían todas sus técnicas de la Ley de Atracción si rechazaba oportunidades que se le presentaban gratis? Obviamente, esta mujer no había cambiado nada en su vida y, varios años después, seguía haciendo lo mismo, ahora trabajando en un nuevo gimnasio, pero sin desarrollar ningún tipo de negocio. No es cierto que leer libros sea una pérdida de tiempo, como algunos creen, pero, al igual que la acción sin conocimiento es inútil, se necesitan ambas cosas. Leer se convierte en una pérdida de tiempo si no se aplica lo aprendido.

Capítulo 29: El miedo a la posibilidad

La principal razón por la que muchas personas llevan una vida infeliz es su miedo a las oportunidades que se les presentan, que proviene de una falta de preparación mental. A menudo no son conscientes de lo que es posible, de quiénes son como personas y de lo que pueden conseguir. Algunos se enfrentan a desgracias que parecen exclusivas para ellos, mientras que otros atraen situaciones positivas que escapan a la mayoría. Por ejemplo, puede parecer imposible que un banco te llame de la nada para ofrecerte dinero, pero a mí me ocurrió cuando más lo necesitaba. Desde entonces, me he encontrado en innumerables situaciones en las que mi enfoque me ha llevado exactamente donde quería estar, incluso cuando las oportunidades parecían inicialmente inalcanzables.

Ciertas experiencias te suceden a ti y a nadie más, y no es necesario explicarlas lógicamente. Mucha gente me pregunta cómo consigo escribir tantos libros tan rápido, pero nunca lo entenderán porque no son como yo; no tienen lo que hay que tener. Diga lo que diga, seguirán siendo ignorantes. De hecho, me he dado cuenta de que pierdo el tiempo explicando cómo escribo libros porque la gente escucha y luego tergiversa mis palabras o inventa teorías que nunca he mencionado.

Recuerdo una conversación con una anciana en un grupo religioso, en la que le expliqué que era profesor universitario y que había realizado muchos trabajos de consultoría. También mencioné mis extensas lecturas e investigaciones sobre información histórica. Sin embargo, esa mujer dijo al resto del grupo que yo había obtenido mis conocimientos mediante hechicerías. Estas experiencias con adultos en grupos religiosos hicieron que perdiera interés en sus reuniones. Los cristianos me acusaban de hablar con demonios y los masones suponían que hablaba con los espíritus de los muertos.

El nivel de ignorancia de la gente me hizo darme cuenta de que me estaban haciendo perder el tiempo porque no me escuchaban. En cambio, buscan en mis palabras la confirmación de sus propias creencias, tergiversan mis afirmaciones y difunden falsos rumores basados en sus suposiciones, porque son demasiado arrogantes e ignorantes para entender mi mensaje. Debido a estas experiencias, ya no siento la necesidad de explicar nada de lo que hago.

Dejo que los ignorantes sigan siéndolo y acepten su destino, porque siempre actuarán según su naturaleza. De hecho, todos los grupos religiosos que he conocido han resultado ser una completa pérdida de tiempo, llenos de personas que inventan tonterías y se aferran a dogmas e interpretaciones erróneas. No entienden nada, ni siquiera sus propios textos. Son individuos que se creen importantes, pero no son más que farsantes. El rosacrucismo, el cristianismo, la masonería y muchos otros grupos, incluido el budismo, no son más que un circo de payasos. Su nivel de comprensión es tan bajo que hay que ser igual de estúpido para encontrar algo útil en el caos. El único aspecto positivo que he observado en los grupos religiosos es cuando la gente se sienta en silencio, ya que incluso sus cánticos me resultan irritantes.

Aunque nunca debes ignorar lo que se te presenta, a menudo te lleva en la dirección contraria. Llegué a esta conclusión a través de mis experiencias con diversos grupos religiosos. Su ignorancia, sus delirios, su hipocresía, sus mentiras y su falta de respeto me hicieron darme cuenta de mi propio valor y me llevaron a escribir cada vez más rápido. Es cierto que todo tiene un propósito, pero a veces ese propósito es simplemente darte cuenta de tu propio valor. Cuando estás rodeado de gente ignorante, no debes sentirte desanimado, sino fortalecido.

Tras estas experiencias, me trasladé a Albania, Grecia, Malasia, Filipinas y Tailandia, donde escribí mucho y disfruté de la vida de playa. Pueden pensar lo que quieran, a mí no me importa. Mientras sus vidas están dictadas por las ilusiones de sus mentes, la mía es gratificante. De hecho, dos de las preguntas más tontas que me hacen son: «¿Cuál es la mejor religión?» y «¿Qué autor me recomienda?». Me parece increíble que se hagan estas preguntas. Solo merecen silencio.

Hacen preguntas basadas en la realidad que conocen. Si son arrogantes, ven muy poco, por lo que sus preguntas no suelen tener sentido. A menudo no tienen nada que ver con la realidad, sino con sus propias creencias. Se enfadan cuando les digo la verdad porque carecen de empatía. Están muy empeñados en demostrar que tienen razón, lo cual es una tontería. Si estás equivocado, ¿cómo vas a saberlo si sigues intentando encontrar pruebas de tus propias ideas equivocadas? Muchas personas que no saben cantar deberían admitirlo y tomar clases de canto en lugar de obligar a los demás a confirmar una realidad que no existe. Si alguien no tiene talento, lo mejor que puede hacer es admitirlo y trabajar para superarse, en lugar de intentar forzar un resultado que nunca se materializará. Del mismo modo, un hombre debe reconocer primero sus necesidades antes de buscar, encontrar y aceptar los conocimientos que le ayudarán a alcanzar sus deseos.

Capítulo 30: Afrontar el trauma

A muchas personas les resulta difícil aprender porque se resisten al cambio. El cambio puede resultar intimidante, por lo que la gente se aferra a hábitos perjudiciales para evitar sentirse avergonzada. A algunos les lleva años reconocer una serie de errores, incluso cuando se les presentan soluciones de forma sistemática. Pero lo que la conciencia no reconoce, los ojos no lo ven. Para que la conciencia despierte, es necesario tener conocimientos suficientes, que pueden adquirirse a través de experiencias repetidas con errores similares. La percepción evoluciona a través del análisis comparativo de estas experiencias, lo que permite al individuo identificarlas más adelante. Solo entonces se acepta esta respuesta porque ha sido reconocida por el individuo y ha pasado a formar parte de su comprensión.

En esencia, solo aceptamos lo que percibimos como propio y lo que está en consonancia con nuestra identidad nos parece auténtico. Esta es la razón por la que muchos traumas permanecen enterrados en el inconsciente: generalmente nos negamos a aceptar los acontecimientos que han tenido lugar en nuestras vidas. Al negar estos recuerdos, evitamos sistemáticamente las experiencias que puedan evocar sentimientos similares, en un intento de escapar del posible sufrimiento imaginado. Por tanto, las personas que se niegan a afrontar sus errores y traumas tienden a restringir su espacio físico y mental por miedo al cambio.

Este miedo se ve agravado por la creencia de que la seguridad solo se encuentra en presencia de otras personas que proporcionen apoyo psicológico. Esta creencia fomenta el miedo al aislamiento, que está intrínsecamente ligado al miedo al cambio. Cuando tememos el cambio, esencialmente tememos empezar de nuevo sin el apoyo y la compañía de otras personas. Como resultado, limitamos nuestro potencial emocional al conformarnos con lo común, conocido y predecible.

Sin embargo, el éxito, la realización y la felicidad suelen estar más allá de estos miedos. Por lo tanto, el miedo a la pérdida y al fracaso está estrechamente relacionado con el miedo al éxito y a la felicidad. De hecho, el miedo a la infelicidad puede hacer que las personas eviten la felicidad por completo. Puede que teman ser felices porque este proceso puede llevarlos a ser infelices.

Cuantos más traumas tenga una persona en su pasado, más intentará bloquearlos. Este esfuerzo por olvidar estas experiencias puede condicionar sus elecciones en el presente y hacer que eviten los riesgos potenciales asociados a enfrentarse a traumas similares, lo que les hace sentir culpa y vergüenza. Se trata de una forma de autoprotección, aunque a costa del crecimiento personal, ya que niega la posibilidad de sacar más partido a la vida. En última instancia, sin embargo, hay que enfrentarse a los recuerdos hasta que dejen de tener un impacto emocional, aunque puedan permanecer en la memoria de una persona toda la vida o incluso varias.

Solo cuando somos capaces de enfrentarnos a nuestros miedos podemos descubrir nuestra esencia. Con esta comprensión, podemos persistir en la realización de nuestro potencial, tal y como se nos revela a través de nuestra imaginación y de los sueños que anhelamos. Todo lo que deseamos llegar a ser está a solo una elección de distancia. Pero todo comienza con la elección de soñar.

Glosario de términos

Audacia: capacidad de tomar decisiones con rapidez y eficacia, a menudo ante la incertidumbre o el miedo. En este libro, la audacia se refiere al valor y la sabiduría necesarios para tomar decisiones con conocimiento de causa que conduzcan al éxito y al crecimiento personal.

La ignorancia se define como la falta de conocimiento o conciencia que, con frecuencia, lleva a creencias y acciones erróneas. Se habla de la ignorancia como una condición común entre muchas personas que les lleva a tomar malas decisiones y a fracasar en su crecimiento personal. El libro destaca la importancia de buscar el conocimiento y la sabiduría para superarla.

Karma: principio espiritual de causa y efecto según el cual las acciones e intenciones afectan a las experiencias futuras. En el contexto del crecimiento personal y la toma de decisiones, se habla del karma y se subraya la importancia de responsabilizarse de los propios actos y sus consecuencias.

El conformismo es la tendencia a cambiar de comportamiento o de forma de pensar para adaptarse a la mayoría o a las normas sociales. El libro analiza cómo el conformismo puede obstaculizar el crecimiento personal y el pensamiento crítico, ya que la gente suele dar prioridad a encajar en lugar de tomar decisiones independientes.

Duda: sentimiento de incertidumbre o falta de convicción, generalmente sobre uno mismo o sobre sus capacidades. La duda se describe como un veneno que puede obstaculizar el crecimiento personal y la capacidad de tomar decisiones, a menudo inculcado por personas que dicen querernos o apoyarnos.

El ego es el sentido de uno mismo o identidad personal, que suele caracterizarse por la prepotencia y la necesidad de validación externa. El libro explora cómo el ego puede ser una barrera para el crecimiento personal y la verdadera felicidad, llevando a las personas a buscar la validación externa en lugar de la sabiduría interior.

El egoísmo es la cualidad de preocuparse excesiva o exclusivamente por uno mismo, a menudo a expensas de los demás. El egoísmo se analiza como un rasgo común que puede llevar a tomar malas decisiones y a entablar relaciones conflictivas. El libro analiza cómo las personas egoístas suelen castigar a quienes les ayudan.

Estado zombi: estado mental metafórico caracterizado por la falta de conciencia, pensamiento crítico y crecimiento personal. El libro utiliza el término «estado zombi» para describir la condición de las personas profundamente ignorantes y conformistas que viven mentalmente estancadas.

La evolución espiritual es el proceso de crecimiento y desarrollo personal que suele implicar la búsqueda de la sabiduría y el autoconocimiento. La evolución espiritual es un tema central del libro, que hace hincapié en la importancia del crecimiento personal y el autodescubrimiento para tomar decisiones eficaces y alcanzar la felicidad.

El miedo es la respuesta emocional a la percepción de amenaza o peligro, que suele conducir a la inacción o a la evitación. El miedo se identifica como un obstáculo importante para tomar decisiones eficaces y alcanzar objetivos personales. Superar el miedo es el tema principal del libro.

La perseverancia es la capacidad de persistir ante las dificultades o los retrasos. En el libro se presenta como una característica fundamental para alcanzar el éxito y superar los obstáculos. En el libro, a menudo se asocia con la rapidez y el sacrificio.

El pragmatismo es un enfoque práctico para resolver problemas y tomar decisiones que se centra en lo que funciona, no en ideales teóricos. El libro subraya la importancia del pragmatismo en el aprendizaje y el crecimiento personal, ya que los conocimientos teóricos no bastan para tomar decisiones eficaces.

La sabiduría es la capacidad de pensar y actuar con conocimiento, experiencia, comprensión, sentido común y discernimiento. Se destaca su importancia como factor clave para la toma de decisiones eficaces y el crecimiento personal. El libro analiza cómo la sabiduría puede ayudar a superar el miedo y la ignorancia.

Solicitud de Reseña de Libro

E stimado lector,

Gracias por comprar este libro. Me encantaría tener noticias suyas. Escribir una reseña de un libro nos ayuda a entender a nuestros lectores y también influye en las decisiones de compra de otros lectores. Su opinión es importante. Por favor, escriba una reseña del libro. Agradecemos su amabilidad.

Sobre el autor

Dan Desmarques es un autor de renombre con una notable trayectoria en el mundo literario. Con una impresionante cartera de 28 bestsellers en Amazon, entre ellos ocho números 1, Dan es una figura respetada en el sector. Gracias a su formación como profesor universitario de escritura académica y creativa, así como a su experiencia como consultor empresarial experimentado, Dan aporta una combinación única de conocimientos a su trabajo. Sus profundas ideas y su contenido transformador atraen a un amplio público y abarcan temas tan diversos como el crecimiento personal, el éxito, la espiritualidad y el sentido profundo de la vida. A través de sus escritos, Dan anima a los lectores a liberarse de sus limitaciones, dar rienda suelta a su potencial interior y embarcarse en un viaje de autodescubrimiento y transformación. En un mercado tan competitivo como el de la autoayuda, el excepcional talento de Dan y sus inspiradoras historias lo convierten en un autor sobresaliente, que motiva a los lectores a interesarse por sus libros y emprender un camino de crecimiento personal e iluminación.

También escrito por el autor

1. 66 Days to Change Your Life: 12 Steps to Effortlessly Remove Mental Blocks, Reprogram Your Brain and Become a Money Magnet

2. A New Way of Being: How to Rewire Your Brain and Take Control of Your Life

3. Abnormal: How to Train Yourself to Think Differently and Permanently Overcome Evil Thoughts

4. Alignment: The Process of Transmutation Within the Mechanics of Life

5. Audacity: How to Make Fast and Efficient Decisions in Any Situation

6. Beyond Belief: Discovering Sacred Moments in Everyday Life

7. Beyond Illusions: Discovering Your True Nature

Acerca del editor

Este libro fue publicado por 22 Lions Publishing.

www.22Lions.com